マインドフルネス「人間関係」の教科書

【アサーション・傾聴・マインドフルネス】

藤井英雄
精神科医・医学博士
HIDEO FUJII

マインドフルネス
「人間関係」の教科書

苦手な人がいなくなる新しい方法

はじめに

ある調査によると、働く人の4人に3人は人間関係に悩んだことがあるそうです。おそらく働いていない人でも家庭や学校、近所づき合いなど、多くの場面で人間関係での悩みを抱えていることでしょう。

たとえば、

「NO」を言うことに罪悪感がある。
だから頼まれると断れない……

本当は助けてほしいのに、
気軽に「手伝って」と頼めない……

のどから手が出るほど欲しいのに、
「欲しい」と素直に言えない……

「やらせてください！」と
のど元まで出かかっているのに、
勇気がなくて言い出せない……

不満に思っていても、
自分さえ我慢すれば丸く収まる。
嫌われるのが怖いから苦情が言えない……

なぜかいつも自分だけが損をしている。
みんなもっと気を遣ってくれたらいいのに……

私だけ周りに気を遣ってばかり。
自分の欲求に素直になれず、
いつも貧乏くじを引いている……

本当はつらいのに、
自分だっていっぱいいっぱいなのに、
我慢して引き受けてつぶれそう！

もっと素直になれればいいのに！
もっと自分に正直に生きたい！

たくさんの人が、自分の正直な気持ちを率直に表現できずに悩んでいます。本音が言えずに建前で生きていると、そのしわ寄せで自分が嫌いになり、自己肯定感を弱くしてしまいます。その結果ますますストレスがたまってしまいます。

この本は、**「あなたの正直な気持ちを率直に表現しながら、心地よいコミュニケーションを通して幸せに生きるための本」**です。

なぜ、正直な気持ちを率直に表現することが、心地よいコミュニケーションなのでしょう？　なぜ、正直な気持ちを率直に表現することで、幸せになれるのでしょう？

正直な気持ちを率直に表現するのはとても難しいことです。

「反発されたらどうしよう」
「嫌われたらどうしよう」
「わがままだと思われないかな？」

そんな不安に負けてしまい、自分の欲求を我慢して丸く収める道を選んでしまいます。その結果、自分を嫌いになり、ストレスをためてしまうのです。

正直な気持ちを率直に表現するスキルを**「アサーション」**と言います。

アサーションとは**「自分も相手も大切にする、正直で率直な自己表現」**です。アサーションによって心地よいコミュニケーションをして相互理解にいたり、WIN＝WINの関係を築いて友情と愛情をはぐくむことができます。

アサーションはとても素晴らしいものです。

相手に反発される危険をできるだけ少なくして自分の正直な気持ちを率直に表現する方法です。ただ、それでも『反発されてしまったらどうしよう！』という不安は残ります。

実際に反発されてしまった時に役に立つのが**「傾聴」**です。相手の言葉に耳を傾け、相手の主張を正しく理解した時に、お互いの心がふれ合い、新しいコミュニケーションの扉が開かれます。

傾聴とは、**「相手に関心を持ち、相手を理解したいと願って、耳を傾けて相手の言葉を聴くこと」**です。

傾聴の結果、相手（話し手）を正しく理解できると、相手を受容し、共感する可能性が高まります。傾聴された話し手は、話を聴いて理解してくれた聴き手（あなた）を信頼し好きになります。その結果、あなたの正直で率直な気持ちにも共感し、意見を尊重してくれるようになるのです。

アサーションと傾聴のスキルを自在に駆使することで相互理解にいたり、ＷＩＮ＝ＷＩＮの新しい人間関係をもたらします。

それでもアサーションには不安がつきまといます。その不安を軽減してアサーションする勇気をくれるのが**「マインドフルネス」**です。

マインドフルネスとは**「今、ここ」に生きることでネガティブ思考を手放し、ネガティブ感情を癒す**素晴らしいスキルです。もともとはお釈迦様が瞑想を通じて悟りを開いた時の心の状態、それがマインドフルネス。これまでは仏教の枠組みの中、瞑想や坐禅という形で伝えられてきました。

20世紀になって欧米で心理療法に取り入れられ、グーグルやインテルなどの大企業の企業研修にも取り入れられて、広く一般に知られ、近年日本にも逆輸入されてきました。

マインドフルネスで不安を軽減してアサーションする。実際に反発されてしまったなら傾聴のスキルを駆使して相互理解にいたり、WIN＝WINの関係を築く。それが**マインドフルコミュニケーション**です。

マインドフルコミュニケーションならこうなります。

嫌な時には罪悪感なく「NO」が言える

助けてほしい時には気軽に「手伝って」と頼める

素直に「それ欲しい」と言える

「私にやらせてください！」と挑戦できる

困った時には率直に苦情を言える

自分も他人も大切にしてお互いを思いやれる

それがマインドフルコミュニケーションなのです。

マインドフルコミュニケーションなら自分の気持ちに正直に、もっと率直に生きることができるのです。

アサーションなんて聞いたことがない人も、
アサーションに挑戦して失敗したことがある人も、

傾聴なんて知らないという人も、
傾聴はプロのカウンセラーしかできないと思っている人も、

マインドフルネスという言葉をはじめて聞いた人も、
マインドフルネスを日常生活で活用する方法がわからない人も、

みんなマインドフルコミュニケーションによって幸せになれます！

マインドフルネスで幸せになる！
マインドフルネスで幸せな社会を創る！

それが私のミッションです。自信を持ってこの本をあなたに贈ります。

※この本の構成

アサーション、傾聴、マインドフルネスの関係を詳しく解説します。アサーションと傾聴はお互いの欠点を補います。そしてアサーションや傾聴にまつわる不安をマインドフルネスが軽減します。

1）自分の正直な気持ちを率直に伝える「アサーション」の作り方を学びます。

2）相手の気持ちを理解して素晴らしい人間関係を築くスキル、「傾聴」をそれに組み合わせます。

3）アサーションや傾聴に伴う不安を軽減する「マインドフルネス」について解説します。

4）「アサーション」「傾聴」「マインドフルネス」の3つをさらにパワーアップする「慈悲の瞑想」を紹介します。

この本ではアサーションとマインドフルネスの形容詞も使用します。

・アサーション（名詞）とアサーティブ（形容詞）

・マインドフルネス（名詞）とマインドフル（形容詞）

例　マインドフルに行動する

　　アサーティブなコミュニケーション

第三部　傾聴　91

付録　Q&Aとまとめ　219

第一部　マインドフルコミュニケーション

アサーション、傾聴、そしてマインドフルネス

アサーションってなに？

アサーションとは、
自分も相手も大切にする、正直で率直な自己表現です。

アサーションとは、
よりよい人間関係を構築するためのコミュニケーションスキルです。

アサーションとは、
心地よいコミュニケーションを通して相互理解にいたり、ＷＩＮ＝ＷＩＮの関係を築いて友情と愛情をはぐくむものです。

自分が我慢するのでもなければ、人に自分の意見を押しつけるものでもありません。アサーションでは、「人は誰でも自分の権利を表明する権利を持つ」という立場に立って、適切に自己主張します。

具体的な例で説明しましょう。

勝つのはどちら?

パターンA LOSE=WIN

「タバコ吸ってもいいかな?」

ある場所（喫煙が許されているところ）で友人がこう聞いてきます。彼はすでにタバコをくわえてライターで火をつける寸前です。

「え？　ええ、どうぞ……」

あなたはタバコを吸わない人で、本当は吸ってほしくないのです。でも、なんとなく「だめ」と言いそびれてしまいました。断るとその後の関係が気まずくなると恐れてしまったのです。

「本当は嫌だけど、自分さえ我慢すれば波風が立たない……」、あなたはそう自分を納得させました。しかし、自分の本心を言えなかったことで、あ

なたはちょっぴり自己嫌悪を感じていました。

パターンB　WIN＝LOSE

「タバコ吸ってもいいかな？」

「なに言ってるの！　私が吸わないの知ってるでしょ！　思いやりがないのね！」

「そ、そうだね……。ごめん、やめとくよ」

彼は申し訳なさそうにタバコをしまいました。

タバコを吸いたいという彼の欲求と、吸ってほしくないというあなたの欲求が対立している場面を考えてみました。

どちらも「LOSE＝LOSE」

パターンAでは、タバコを吸いたい彼の欲求が通りました。あなたの吸ってほしくないという欲求は表現されませんでした。ある意味、彼は勝ち、あなたは負けたと言えます。これを「LOSE＝WIN」と表現してみます。

LOSE＝WIN、あなたは負け、彼が勝ちました。一見、そう見えますが実はそんなに単純ではありません。

たしかに、彼はタバコを吸うことはできました。しかし彼は心から満足し、タバコを楽しめたでしょうか？　あなたがタバコは嫌だという様子は、どんなにうまくごまかしても彼には伝わるでしょう。

よそよそしい態度や口調
煙を追う視線の動き
ひそめられた眉

そんな言葉にならない微妙なあなたの態度は、言葉よりも雄弁に、そして言葉にならないだけもっと破壊的に彼を傷つけます。

「嫌なら嫌とはっきり言ってくれたらいいのに!!」

彼はそう思うかもしれません。彼がアサーティブな人なら、つまり正直な気持ちを率直に言ってくれる人ならば、「嫌な時は嫌と言ってもらったほうが気持ちがいいんだ」と言ってくれるかもしれません。

しかし、それは彼にとってもハードルが高いでしょう。なぜなら、誰にとってもアサーションは難しいからです。そうして2人の心は少しずつすれ違っていきます。怖いですね！

パターンAを**非主張型〈nonassertive：ノンアサーティブ〉**と表現することもあります。自分の意見をきちんと主張しないという意味です。

次にパターンBのWIN＝LOSEを見てみます。

あなたはタバコを吸わないでほしいという自分の要求を伝えました。罪悪感を振り払うため、いつもよりも怒ったような強い調子で攻撃的に見えたことでしょう。だからパターンBを**攻撃型〈aggressive：アグレッシブ〉**と呼ぶこともあります。

あなたの勢いに押されて彼はタバコをポケットにしまいます。あなたは自分の要求を通しました。勝ったのはあなたです。彼は負けました。WIN＝LOSEですね。

しかし本当にあなたは勝ったのでしょうか？

彼にタバコを吸わさせないというあなたの主張を認めさせました。しかし同時にあなたは罪悪感を感じているでしょう。それに彼の心はあなたから離れてしまいます。一方的に欲求を押しつけられたのですから。それって本当に価値ある勝利と言えるでしょうか？

「タバコを吸ってもらいたくない」というあなたの欲求を言えなかった「ＬＯＳＥ＝ＷＩＮ」も、あなたの欲求を押し通した「ＷＩＮ＝ＬＯＳＥ」も**実は両方とも「ＬＯＳＥ＝ＬＯＳＥ」**なのです。

なぜ罪悪感が発生するのか？

自分の欲求をストレートに言うことに罪悪感を感じる人がとても多いのです。

「あれが欲しい」
「これをしたい」
「これは嫌、やめて！」

そんな風にストレートに言うことに躊躇してしまいます。それはなぜかと言えば、自分の欲求をストレートに伝えることで嫌われるのではないかと恐れるからです。

わがままな自分
我慢できない自分
空気を読まない自分

そんな自分は受け入れてもらえないと感じます。なぜなら、そんな自分を**自分で受け入れていないから**です。**自己肯定感が弱い**からです。ちなみに自己肯定感とは、

あるがままの自分を肯定できる力です。

私たちは子供のころから完璧を求められて育ちました。親の言うことをよく聞き、早く着替え、ちゃんと歯磨きし、お手伝いをし、学校にもちゃんと出席して宿題もきちんとして、テストではいい点を取ることを求められてきました。

親の期待を裏切った時には叱られました。たとえ80点を取っても、できなかった20点を責められました。責められないまでも「次は頑張れば100点だね」とプレッシャーをかけられたでしょう。つまり、現状の自分ではいけない、と否定されたのです。

「早く！」「ちゃんと！」「もっと！」を聞かずに育った人はいないでしょう。

親の期待はいつの間にか自分の心の声となり、自分に非受容を突きつけ、潜在意識の自己肯定感を傷つけ、弱めました。そしていつしか自分で自分を肯定できなくなりました。

自分を肯定できないのですから、あるがままの自分を他人が肯定してくれるなどと考えることは到底できません。だから頑張れない自分、我慢できない自分を人に見せるわけにはいきません。

あるがままの自分を見せれば嫌われ、見捨てられるかもしれません。私たちは日々、そんな恐怖と闘いながら毎日を送っています。

とても皮肉なことですね。だって、嫌われたくないから自分の欲求を言わずに「LOSE＝WIN」を選んだのに、結局、「LOSE＝LOSE」になって嫌われてしまうのですから。

私たちが自分の欲求をストレートに言えず、「LOSE＝WIN」を選ぶのは、潜在意識の自己肯定感が弱いからでした。では「WIN＝LOSE」を選ぶのはなぜでしょう？

自己肯定感が強くて他人に嫌われても大丈夫だからでしょうか？

違うのです。自己肯定感が弱いことに変わりはありません。

そう、**自己肯定感が弱いと、自己主張する時に「嫌われるのではないか」という恐れと自己主張することによる罪悪感を感じる**ものなのです。

違う点は、「WIN＝LOSE」の場合はその恐れと罪悪感を振り切るために怒りや攻撃のエネルギーを借りていることです。しかし、そのエネルギーは長続きしません。

だから、少し落ち着いてくると「悪かったかな？」「嫌われたかな？」と罪悪感を覚えたり、もしくはその罪悪感を消すために「だって、思いやりのないあの人が悪いんだ！」と逆切れしたり攻撃したりもするのです。

本当は嫌だけど、「ＮＯ」と言えないパターンＡの「ＬＯＳＥ＝ＷＩＮ」も、怒りのエネルギーを借りて自分の欲求を押しつけるパターンＢの「ＷＩＮ＝ＬＯＳＥ」も、実は両方とも「ＬＯＳＥ＝ＬＯＳＥ」なのです。

なんと皮肉で不幸なことでしょう！

マインドフルコミュニケーションでないと、どちらにしてもLOSE＝LOSE！

嫌われるのを恐れて、
自分の本当の気持ちを伝えない。
⬇
自己肯定感の弱さから自己嫌悪！

その恐れと罪悪感を振り切って、
勢いを借りて自己主張。
⬇
罪悪感を消すために攻撃的に！

両方とも「LOSE＝LOSE」

WIN=WINの伝え方

自分も相手もともに満足できる方法、すなわち「WIN=WIN」の伝え方があるのです。それが**アサーション**です。

アサーションとは**「自分も相手も大切にする正直で率直なコミュニケーションスキル」**です。

アサーションの想定するゴールはこれです。

あなたは「タバコを吸ってもらいたくない」という正直な気持ちを率直に伝える。その結果、相手はあなたの事情を正確に理解する。相手も「タバコを吸いたい」という正直な思いを率直にあなたに伝える。あなたも相手の気持ちを理解する。お互いがお互いの気持ちを理解した結果、2人でお互いが納得のいく解決策を創造する。

「お互いが納得のいく解決策」＝「W－N＝W－N」です。お互いの妥協や我慢ではありません。

「タバコを吸ってもらいたくない」という気持ちをためしにアサーションで表現してみましょう。

「私、煙が苦手なんです。のどが痛くなるし、それににおいが服について洗濯しても取れなくて困るんです」

このアサーションにどのような特徴があるか次の節で確認しておきましょう。

アサーションの目的と特徴

ここでアサーションの目的を確認しておきます。

私はアサーションとは**正直で率直なコミュニケーションを通して相互理解にいたり、WIN＝WINの関係を築き、友情と愛情をはぐくむためのもの**と考えています。

正直で率直なコミュニケーションだから、お互いを正しく理解し合えるのです。

その結果、WIN＝WINの関係を築くことができるので、双方が納得できるよりよい解決策を思いつくことができます。そして友情や愛情をはぐくむことができるのです。

あなたの事情を理解してくれた相手が行動を変えるかもしれないし、相手の本心がわかった結果、あなたが行動を変えるかもしれません。しかしそれは妥協と我慢とあきらめの結果ではなく、新たな創造的な喜びを伴うものになるでしょう。

そのためには**相手を批判せずにあなたの正直な気持ちを率直に述べることが有効**です。そのための工夫がこれです。

1 私を主語にする

2 自分への直接的な影響を述べる

3「今、ここ」の客観的な事実だけを述べる

前の項であげたアサーションをもう一度見てください。

「私、煙が苦手なんです。のどが痛くなるし、それににおいが服について洗濯しても取れなくて困るんです」

主語は徹底して私になっています。

(私は) 煙が苦手です
(私は) のどが痛くなる
(私は) 困る

あなたを主語とし、相手の行動を非難し、「今、ここ」以外の主観的な事実を述べたパターンB(WIN＝LOSE)のメッセージと比較してみてください。

「なに言ってるの！　私が吸わないの知ってるでしょ！　あなたって人はいつもいつも思いやりがないのね！」

別の例で考えてみましょう。

おはぎを食べようとした時に友人が訪ねてきて、

「あっ！　おはぎだ。小豆もらっていい？」

「え？　ええ……いいわよ」

「ああ、美味しい。あれ、君は食べないの？」

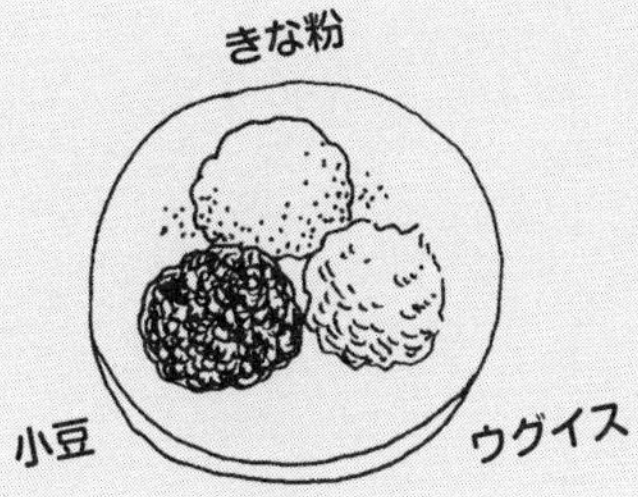

「うん、私も小豆がよかったな……」

「なんだよ！　欲しいなら欲しいってちゃんと言ってよ。わからないじゃないか」

これはパターンA（LOSE＝WIN）ですね。「自分も小豆が欲しい」という本心をアサーティブ（正直、率直）に語っておけば、半分ずつという選択肢もありそうです。相手も気まずい思いをしてひとつ丸ごと食べるよりも、どれだけ気持ちがいいことでしょう。

また、どちらかが「きな粉」や「ウグイス」が苦手なら、残った2つをまとめてもらい、「小豆」をあきらめたほうが量的に得をする、という解決策もあるかもしれません。また、「小豆」をもうひとつ作ったり、もうひとつ買いに行くなど、いろいろな案がありそうです。

なお、アサーションの3つの特徴やアサーションの作り方については次の「アサーション」の章で詳しく学びます。

アサーションは、**❶私を主語にして、❷自分への直接的な影響と、❸「今、ここ」の客観的な事実だけを述べる**ことで、相手の反発を避けながら自分の正直な気持ちを率直に伝えるスキルなのです。

アサーションを難しくするもの

アサーションを勉強しても使えないという人もいます。なぜなら、どのようなスキルを使っても相手の言動がＮＧであると伝えることに違いはないからです。

❶ 相手を傷つける！

アサーションが難しいと感じる人のパターンを考えてみます。まずはこれです。

「傷つけちゃうかも！」

私を主語にしようが、自分への直接的な影響だけを語ろうが、非難する言い回しを避けようが、結局のところアサーションとは相手の言動が自分にとって好ましくないのだという意味なのです。

相手がNGだ！　とはっきりと表現して相手を傷つけるよりも、少々のことなら、我慢できるのなら自分が我慢しよう。そうすれば丸く収まるかも……。

思い出してください！　あなたの我慢は相手にとっても決してよい結果を生まなかったという事実を！

LOSE＝WINを目指したつもりでも、お互いに気まずくなるLOSE＝LOSEに終わるのでした。もしくは我慢ポイントがたまった時にドカンと一発！　怒りの大爆発になって破局を迎えるのならもっと危険です。

正直な気持ち、すなわち不満を率直に小出しにするアサーションが、結果として

WIN＝WINの道でしたね。

2 わがままだと思われないかな？

自分の欲求を正直に言うなんて、わがままだと思われないだろうかと心配される方も多いでしょう。特に自分の欲求やネガティブ感情を正直に表現することで非難されてきた人は勇気がいるでしょう。

子供の頃は生殺与奪の全権を周りの大人（親・教師）が持っていましたから、ある程度大人の言うことに従うしかありませんでした。

スーパーやデパートのお菓子売り場で「買ってちょうだい！」と泣けば、「もう連れてこないよ！」「あんたなんかうちの子じゃない！」などと脅されたかもしれません。そこまでいかなくても眉をひそめて嫌な顔くらいはされたでしょう。

買い物や手伝いを頼まれて、「え～！　嫌だ！　今、テレビ見ているのに」と言えば、「わがまま言うんじゃありません！」「女の子なんだからお手伝いくらいしなさい！」と叱られたでしょう。

痛くて泣いていれば「男の子でしょ！」と叱咤されました。

弟を泣かせれば「お兄ちゃんのくせに！」と非難されました。

兄や姉に逆らえば「生意気だ！」と叩かれたかもしれません。

かくして私たちは、

「わがままを言ってはいけない」

「他人の言うことを聞かなくてはならない」

「逆らってはいけない」

「〝あるがままの感情〟を感じ、表現してはいけない」

という信念を潜在意識に植えつけてしまいました。だから、正直な気持ちを率直に表現しようとすれば罪悪感を覚えるのです。

今や私たちはひとりで生きていけるようになりました。もう誰かの顔色を窺う必要はなくなりました。しかし、潜在意識の中に書き込まれた信念は、いまだに私たちを縛ります。自己肯定感を傷つけ弱めます。しかしチャンスはあります。「わがままだと思われないかな?」と感じるたびに意図的にこう宣言するのです。

「私には権利がある。自分の正直な気持ちを率直に表現する権利がある」

実際、私たちにはその権利があるのです。

しかしそれでも不安を感じるでしょう。潜在意識には間違った有害な信念が根強く残っているからです。

その時に役に立つのが**「マインドフルネス」**です。リアルタイムかつ客観的に、「今、ここ」の不安や罪悪感に気付いて眺める時、ネガティブ思考のネガティブパワーは半減し、「私には権利がある」と思え、アサーションのチャンスがやってくるのです。

3 対立したらどうしよう！

あなたには自分の欲求を正直かつ、率直に表現する権利があります。そして同様に相手もまた、自分の欲求を表現する権利を持っています。

あなたが彼にタバコを吸ってほしくないという欲求があるのと同様、相手にもタバコを吸いたいという欲求があります。2人とも小豆のおはぎが食べたいのです。あなたが率直に「においと煙が苦手」と言えば、相手も「ニコチンが切れたら思考力が働かない」と言い出すかもしれません。お友達も小豆のおはぎに執着するかもしれません。

第一部

お互いが自分の欲求を正直に率直に述べることは、意見の対立に見えます。自己肯定感が弱い人は対立を恐れます。対立するくらいなら自分が折れてしまおうと考えるのです。

しかしどちらかが遠慮すると、結局どちらもＬＯＳＥ＝ＬＯＳＥに終わるのでしたね。ではどうしたらいいのでしょう？

ここでヒントになるのが**傾聴のスキル**です。

「あっ！　おはぎだ！　小豆もらってもいい？」

相手の何気ない（敵意のない）行為があなたを刺激しました。そこで正直かつ率直に自分の欲求を伝えます。

「私も小豆が食べたいのよ」

相手「え～！　私は小豆が大好きなのよ」

反発されてしまいました！　ここでLOSE＝WINなら仕方ないなと折れて、「じゃあ、いいよ」と言ってしまうところです。ですが正直な気持ちではちっとも「いい」なんて思っていません。ただ、相手の反発を受け止める勇気とスキルがなかっただけなのです。こんな時に相手の反発（実は正直で率直な自己表現）を受け止める方法が傾聴のスキルなのです。

「そうなのね。あなたも小豆が好きなんだ」

そのように傾聴されれば相手も「自分の話を聞いてもらえた」と少し安心し、あなたの意見も聞いてみようかという気になります。

相手もあなたが傾聴してくれたことで、あなたの意見を尊重しようという気持ちになるのです。

そしてお互いがお互いの気持ちを理解し合った時に新しい展開が生まれます。ただし、傾聴が苦手な人は相手の意見に呑み込まれて同意してしまい、結局我慢することになりかねません。そんな時こそアサーションが必要なのです。たとえばこうです。

「でも、私も大好物なのよ。今日は小豆が食べたい気持ちなの」

この章のまとめ

1 アサーションとは自分も相手も大切にする、正直で率直な自己表現です。アサーションによる心地よいコミュニケーションを通して相互理解にいたり、**WIN＝WINの関係を築いて友情と愛情をはぐくむ**ことができます。

2 アサーションには「反発されたらどうしよう！」という不安がつきものです。その不安にはマインドフルネスが有効です。**マインドフルに不安を客観視することで不安を軽減できます。**

3 また実際に反発されてしまった時には、**傾聴のスキルが相手の反発を和らげる**

効果があります。また、傾聴しているうちに相手の気持ちに呑み込まれて自分が我慢してしまいそうになる時には、アサーションが有効なのです。

4 つまり、**傾聴とアサーションはそれぞれの欠点を補い、相互に補強して相乗効果を発揮する**のです。そしてその効果はマインドフルネスのもとでもっとも有効に働きます。

5 なぜなら、「今、ここ」の現実を客観視することがマインドフルネスだからです。**自分の気持ちも相手の気持ちも一歩引いて冷静に観る時にアサーションと傾聴は最大限の効果を発揮**します。

6 さらに、**マインドフルに傾聴やアサーションを行うこと自体がマインドフルネス能力を向上させる**効果もあるのです。

次の章から〈アサーション〉〈傾聴〉〈マインドフルネス〉についてもっと詳しく

見ていきましょう。

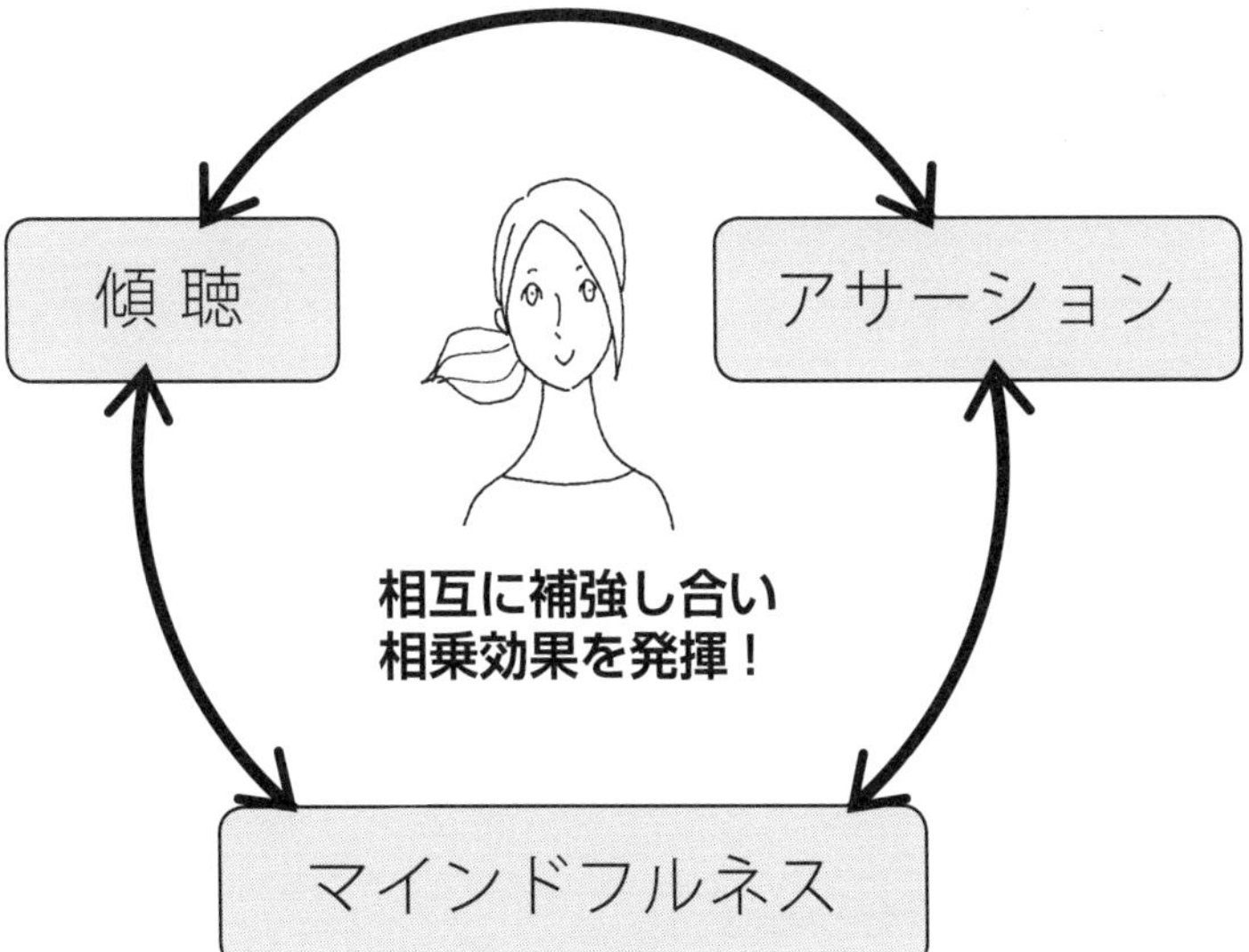
傾聴
アサーション
相互に補強し合い
相乗効果を発揮！
マインドフルネス

第二部　アサーション

アサーションの作り方のルール

アサーションとは**自分も相手も大切にする、正直で率直な自己表現**です。

マインドフルに心の声を聴き、自分の心の声に正直な意見を率直に述べることが、自分と相手の両方を大切にすることです。そしてそれがＷＩＮ＝ＷＩＮの結果をもたらします。

アサーションの文章を作るにはいくつかコツがあります。

1 私を主語に私の感情を語る
2 自分への直接的な影響を述べる
3 今、ここの客観的な事実だけを描写する
4 解決策を押しつけない

1 私を主語に私の感情を語る

最初のコツはこれです。「主語を私にする」。

服を脱ぎっぱなしにしている子供に、

「だらしないから片づけなさい」と命令する。

目の前でタバコを吸っている人に、

「思いやりのないひどい人ね!」と非難する。

この時、これらの文章の主語は「あなた」です。

すなわち、「(あなたは) だらしない。(あなたは) 片づけなさい」「(あなたは) 思いやりがないひどい人だ」ということです。あなたを主語に文章を作ると非難、批判するニュアンスが強くなり、相手をコントロールする意図が強く出てきます。

たとえ文章をやわらげて「片づけたほうがいいよ」「吸わないほうがいいよ」とアドバイスしたり提案したりする形にしたとしても、あなたの行為はNGであると言っていることに変わりはありません。

アサーションではあなたを主語にするのではなく、私を主語にします。

「片づけなくちゃいけないから仕事が増えて(私が) 困るわ」
「タバコのにおいが服につくから(私は) 嫌なのよ」

相手の行為がNGである点は変わりませんが、自分が困っていることを伝えることで反発心が緩和されます。

あなたを主語とするメッセージを**「ユー（You）・メッセージ」**、私を主語とするアサーションを**「アイ（I）・メッセージ」**と呼ぶこともあります。

私を主語とするアイ・メッセージでアサーションを作りましょう。

2 自分への直接的な影響を述べる

2つ目のコツ、それは**「自分への直接的な影響を述べる」**ということです。つまり、自分がなんで困っているのかきちんと説明するということです。

次の3つの例を考えてみましょう。

「自分の部屋をきちんと片づけないと、だらしない人になるよ」
「勉強しないといい大学に入れないよ」
「ここでタバコを吸うとみんなに白い目で見られるよ」

これらは主語が私でなくあなた、つまり「ユー・メッセージ」であるという問題点もありますが、もうひとつ**大きな問題点**があります。

だらしない人になって困るのは誰でしょうか？
大学に入れなくて困るのは誰でしょうか？
白い目で見られて困るのは誰でしょうか？

すべて「相手」が困ると言っています。

アサーションは自分を主語として、自分を正直かつ率直に表現するものです。つまりこの場合は、**「自分がなんで困っているのか」**を理解してもらうことが目的なのです。自分の気持ちを理解してくれた時に、「なるほど！　じゃあ……」となって相手の心と言動が変わってくる可能性があるのです。

自分に影響がないことならば「ほっといてよ！」と反発される危険性が強まります。私がなんで困っているのか、なにを悩んでいるのかを率直に語りましょう。

たとえばこれはいかがでしょう？

〈散らかって見えて（私は）落ち着かない〉
〈自分が片づけなくてはいけないので（私は）面倒だ〉
〈教育やしつけができない親と見られると（私は）恥ずかしい〉
〈大学に落ちて浪人したらお金がかかって（私は）困る〉
〈服ににおいがつくので（私は）困る〉
〈（私は）のどが痛くなる〉

自分の行為があなたに与える影響を理解できれば、相手が自分の言動を変えようと思う可能性が高くなります。

3 今、ここの客観的な事実だけを描写する

「あなたがわざと脱ぎ散らかしていると片づかなくて困るわ」

「あなたがいつもいつも思いやりもなく、私の前でタバコを吸うと私の服にタバコの嫌なにおいがついいて困るのよ」

主語は「私」ですし、**「私への直接的な影響」**を述べた文章ですが、非難や批判の気持ちが色濃く出た文章になってしまいました。それは散りばめられた主観的な言葉の影響です。

「わざと」は確かなことでしょうか？

もしかしたらうっかりかもしれませんね。

「脱ぎ散らかして」いるのではなく、たまたまそこに置いてあるだけで、あとで片づけようと思っていたかもしれません。

「思いやりもなく」も語り手の主観です。

あなたに対する悪意などないかもしれません。

客観的な事実は**「服が置いてある」**であり**「タバコを吸っている（吸おうとしている）」**ということだけです。これにあなたが語り手としての立場からの主観的な意見を加えると、大変ややこしいことになります。それが違った時には反発されます。

あなたにとって、「いつもいつも」は確かかもしれません。ですが、「今、ここ」での相手の行為に、これまでの我慢してきたことまで上乗せして苦情を言われると、相手から「そこまで言わなくても……」と反発される危険性が増えてしまいます。

「今、ここ」の客観的な事実だけを取り上げてアサーションを作るほうが、反発される危険性を減らし、受け入れてもらえる可能性が増えるのです。

「だらしなく」「わざと」「いつも」「考えもなく」「無駄に」「不注意に」などの危険な修飾語をつけないように心がけましょう。

4 解決策を押しつけない

アサーションを作るうえでは解決策を提案することもあります。たとえば「今はタバコを吸わないでほしい」「小豆は半分ずつにしたい」「服はすぐにハンガーにかけてほしい」などです。もちろん、解決策を提案することは構いません。

しかし相手にも吸いたい・小豆が食べたいという欲求があります。今すぐではなく、あとで片づけたいという事情があるかもしれません。

そこで「吸わない」「すぐに」というあなたの解決策を押しつけるとＷＩＮ＝ＷＩＮの解決は望めなくなります。そんな時は、一緒に解決策を考えましょう。

あなたも私も納得する解決策、どちらかの（または両方の）妥協や我慢の産物としての解決策ではなく、**どこかにきっとあなたたちだけの素晴らしいＷＩＮ＝ＷＩＮの解決策があると信じて**話し合いましょう。

お互いがお互いの気持ちと事情をわかり合えたら、きっと素晴らしい解決策が生まれてきます。

作ってみよう
あなたのアサーション

〈タバコの例〉

ここでは実際に3つのステップに注意しながらアサーションを作ってみましょう。題材は何度も出ているタバコです。

彼はタバコを吸いたいが、あなたは吸ってほしくないと思っている。なぜなら、のどが痛くなるし、服ににおいがつくから。

チェック項目はこの3つ。

1 私を主語に私の感情を語る
2 自分への直接的な影響を述べる
3 今、ここの客観的な事実だけを描写する

さて、続きを読む前にまずは自分で作ってみましょう。前の項に回答例はありますが、それを探さずに、ここであらためて自分で作ってみることをお勧めいたします。

まずは**主語は「私」**です。日本語は主語を省略する言語なので、実際に語られない可能性もあります。その時も、この文章の主語は「私」であると意識して語ることがとても重要です。

そして**「私への直接的な影響」**です。これは「のどが痛くなる」「服ににおいがつく」ですね。

「客観的な事実」はこれです。

「あなたがタバコを吸う」もしくは「私が煙を吸う」。

この3つを組み合わせてアサーションを作ってみましょう。

あなたのアサーション

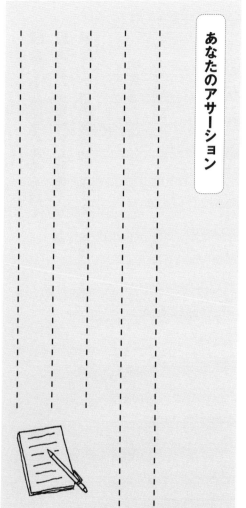

さて、もう書けましたか？
では私の解答例をどうぞ。

「タバコの煙を吸うと、のどが痛くなるんです」
「あなたがタバコを吸うと、においが服について困るんです」

チェック項目は３つです。ご自身でチェックしてみてください。

1 私を主語に私の感情を語る
2 自分への直接的な影響を述べる
3 今、ここの客観的な事実だけを描写する

具体的な解決策を提示しても構いません。

「私、煙が苦手なんです。のどが痛くなるし、それににおいが服について洗濯しても取れなくて困るんです。できたら吸わないでほしいのです」

ただし、あなたが作ったアサーションに具体的な解決策を盛り込んでいる時には、その解決策にはこだわらず、柔軟に話し合いましょう。もっと素晴らしい解決策を相手が思いつくかもしれませんし、2人で新しい解決策を創造するのもまた楽しいものです。

〈おはぎの例〉

もうひとつアサーションを作ってみましょう。題材は小豆のおはぎです。

あなたも相手も小豆が食べたいという状況です。

今ここの客観的事実は「あなたがひとりで食べちゃうと」、自分への直接的な影響は「私が食べられないので悲しい」です。

あなたのアサーション

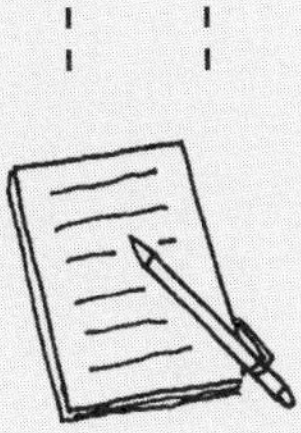

〈作成例〉

「あなたがひとりで食べちゃうと、私、食べられないから悲しい」

仲のいい相手ならもっと単純に「私も小豆が食べたい」と言うのもいいかもしれません。とても正直で率直な自己表現です。

〈お茶の誘いの例〉

次はお茶や飲み会のお誘いです。疲れているので「今日は早く帰って休みたい」と思っています。しかし断ったら悪いかなと思い、イヤイヤつき合うことはありませんか？

そんな時は、いつも正直にと言っても、なかなか率直にはいかないかもしれません。メリットとデメリットを秤にかけて、自分で判断することが求められます。

仮に、断りたい気持ちが強いとしたら、どんなアサーションを作りますか？　例によってまずあなたのアサーションを考えてください。

あなたのアサーション

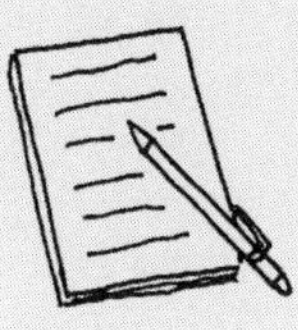

〈作成例〉

私を主語に、私の気持ちを正直に語ってみると、こんなアサーションになるでしょう。

「誘ってくれてありがとう。今日はとても疲れているので早く帰って寝るよ」

親しい間柄ならばこの程度の文章でいいのではないでしょうか。

さらに強引に誘われた時には、

「今日飲みに行くと、疲れがたまって明日に差し支えるから困るんだ」

などと直接的な影響をつけ加えればいいでしょう。

あなたのアサーションはなんですか？

あなた自身が困っていることでアサーションを作ってみましょう。言いたいのに言えなかったことを題材に使ってアサーションを作るとさらに理解が深まります。

1 あなたが困っていることはなんですか？

「今、ここ」の客観的事実は？

例：「目の前でタバコを吸われる」「小豆を取られる」「突然、残業を命令される」

あなたの事例　客観的事実

2 あなたへの直接の影響は？

例：「のどが痛くなる」「小豆が食べられない」「保育園に迎えに行けなくなる」

あなたの事例　直接の影響

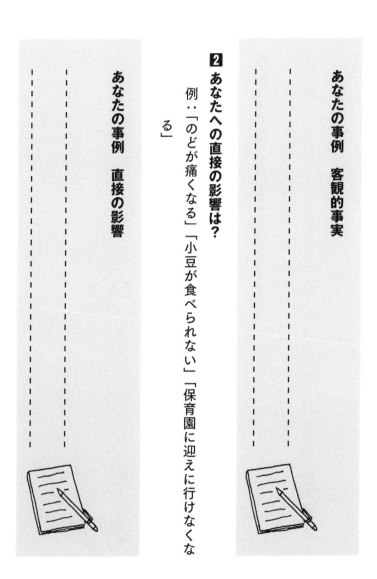

3 主語を私にしてアサーションを作る

例：「タバコの煙を吸うとのどが痛くなるんです」
「私も小豆が食べたいなあ」
「突然の残業だと子供を迎えに行くことができず困るんです」

あなたのアサーション

どうでしたか？　アサーションを作ってみたものの、とても言えそうにないと不安になった方も大丈夫です。その不安は第四部で解説する**マインドフルネス**で軽減できます。もうひとつの工夫として**〈ステップ・バイ・ステップ・アサーション〉**を紹介します。

ステップ・バイ・ステップ・アサーション

アサーションの課題を出すと、できなかったと言ってがっかりされることがよくあります。それはたいてい最初から、強敵！と思われるような相手にアサーションしようとした場合です。

たとえば、今まで長年言いなりになってきた「親」や「兄弟」に自分の権利を主張するのは、とてもハードルが高いものです。

それよりも、最初は低いハードルを選んで飛び越えましょう。もっと言いやすい人、もっと言いやすい題材を考えましょう。

コツはこれです。

「言えそうだけど言わなかったことを、すぐに言ってみる」

そのレベルがどこにあるのかは人によってそれぞれ異なります。「海外留学に行きたい」「独り暮らしをしたい」とすぐに言える人もいれば、その反対に「その塩を取って」「ゴミ出しを手伝ってほしい」が言えない人もいるでしょう。

だから最初は「言えそうだけど言わなかったことを、すぐに言ってみる」ことから始めましょう。

危険なハードルというのもあり得ます。たとえばＤＶの加害者や危険な人からはすぐに逃げたほうがよいでしょう。アサーションといえども万能ではありません。

困っているのは誰？

もうひとつ題材を出してみます。
子供が勝手に歩き回って迷子になってしまいました。いつも目の届くところにいてもらいたいのです。

客観的な事実は、**「あなたが迷子になると」**、
私への影響は**「とても心配になる」**。
さて、アサーションを作ってみてください。

あなたのアサーション

〈解答例〉

「あなたの姿が見えなくなってお母さんとても心配したわ。目の届くところにいてほしいの」

あえて作るとすれば、こんな感じのアサーションになりそうですね。しかし、今はアサーションを語っても相手の心には届かないかもしれません。

なぜならあなたとともに、相手、すなわち子供もまた困っているからです。つまり、迷子になって悲しくつらい思いをしている時に、あなたがアサーションを正しく作り、語って聞かせても、子供には親の思いを受け止める心のゆとりがありません。

アサーションとは、「自分は困っているが相手は困っていない」時に有効なスキルなのです。

困っているのは誰なのかを指標として、コミュニケーションスキルを分析してみます。**私と相手で困っているのは誰なのかを考えると、「今、ここ」で必要なコミュニケーションスキルがわかります。**

❶ 私も相手も困っていない

ここではなんのスキルも必要ありません。どうぞ友情と愛情溢れる会話を楽しんでください。ちょっとした批判やアドバイスなどもここなら受け入れてもらえるかもしれません。

❷ 私は困っている！　でも相手は今のところ困っていない

相手が困っていない時には、私の言葉が相手の心を動かす余地があります。**アサーションが有効なのはこの時です。**

❸ 私は困っていない。　しかし相手は困っているようだ

この時に有効なのが「傾聴のスキル」なのです。たとえばこんな場面です。


「ねえ、聞いてよ！　私がタバコ嫌いだって知ってるのに吸うのよ！」

「今度のプレゼン、うまくいくか心配だなあ……」

「宿題終わらないかも……」

「あ～あ！　また太っちゃった！」

こんな時には、

「はっきり言ったほうがいいよ」とアドバイスしたり、

「大丈夫だって！」と安請け合いして元気づけたり、

「テレビ観る前にやるって約束したじゃない」、

「おやつ食べるからよ！」、
と批判したりせずに傾聴するほうがいいのです。それは私が悩んでおらず、心穏やかだからできる技です。

❹ 私も相手も悩んでいる

これはお互いの欲求がぶつかっている時です。こちらが主張すれば相手も反発するし、相手の主張を呑んでしまえばＬＯＳＥ＝ＷＩＮのパターンに陥ってしまいます。

この時は相手の欲求を傾聴して理解し、なおかつ、自分の欲求もまたアサーティブに主張するという大変高度なやり取りが求められます。その結果、お互いの気持ちを理解して**両者が納得するＷＩＮ＝ＷＩＮの解決を探ることになります。アサーションと傾聴の両方が必要**なのです。

困っているのは誰かを考えると、必要なコミュニケーションスキルを、すぐに思いつく！

さて。

子供が迷子になれば「私」も心穏やかではないでしょう。しかし、今いちばん困っているのは誰かと考えた時に、それは私ではなく怯えきっている子供でしょう。だとすると、自分の感情はいったん置いて、子供の恐れや不安などを解消することが求められます。

その時に有効なのが**「傾聴のスキル」**なのです。まず傾聴で子供の心を落ち着かせるのです。そして子供が落ち着いて私の言葉を聞くゆとりが出てきてから、アサーションを使うのです。これはもちろん大人同士でも同じことです。それでは傾聴について詳しく解説しましょう。

第三部　傾聴

こんな時はアサーション？　それとも傾聴？

迷子になった子供を叱る時に考えること

親とはぐれて心細い思いをしている子供が、親の姿を見つけて泣きじゃくりながら駆け寄っていきます。

すると親から、「なにやってんの！　ふらふら歩いちゃダメでしょ‼」とすごい剣幕で叱られてしまいました。この子供の気持ちはどうなるでしょう？

親とはぐれた怖さに加え、親に見捨てられてしまうのではないかという恐れまで加わって、さらに泣いてしまうことでしょう。

この子供は今後、親の言うことを聞く「よいこ」になるかもしれません。しかしそれは親に見捨てられたくないから親の言うことを聞くということですね。そしてこの子は親の顔色を窺って生きる人生を歩むことになりそうです。

アサーションならどうでしょう?

「あなたの姿が見えなくなって、お母さんとっても心配したわ」

という感じでしょうか。

アサーションの文章を正しく作って率直に親の思いを伝えたとしても、子供の側にそれを受け入れる心のゆとりはまだありません。それよりも怖がっている子供の心をまず安心させ、落ち着かせることが大切です。そこで活躍するのが**「傾聴」**のスキルです。

傾聴とは、「相手に関心を持ち、相手を理解したいと願って、耳を傾けて相手の言葉を聴くこと」です。

心細くて悲しい思い？
もう二度と親に会えないのではないかという恐怖心？
親の手を放してしまった後悔？
親に叱られるという恐れ？
もしかしたら
自分の手を放し、見失った親への怒りや恨みかもしれません。

とにかく子供は泣いています。とりあえず、こんな声掛けはいかがでしょう？

「心細かったんだね」

もしも子供が心細い思いで泣いていたのなら、「そうだよ」と言いながら、いっそう泣きじゃくるかもしれません。ただ、その涙には親が自分の気持ちを理解してくれたという安心感が含まれているでしょう。

もしも子供の心が悲しみよりも恐怖心なら「違うよ！　怖かったんだよ」という返事になるでしょう。

「そうか、怖かったんだね」と返せば、子供は気持ちを汲んでもらえて親に理解してもらえた、親に愛されていると実感でき、さらに安心できるでしょう。

アサーションで自分の気持ちを伝えるのはそのあとです。親に愛されていると実感できた時に、親の気持ちを理解するゆとりが生まれます。

「あなたの姿が見えなくなってお母さん、とっても心配したわ。目の届くところにいてほしいの」

第三部

今なら子供の心に届きます。子供は親に愛されていると実感でき、心配していたという親の気持ちを理解し、今後は勝手に動かないように決意するかもしれません。それはＷＩＮ＝ＬＯＳＥ型で子供を支配し、いわゆる「よいこ」にしてしまうのとは全く別のことになります。

この手法は、職場の「上司」と「部下」、「先輩」と「後輩」間のコミュニケーションにも応用できるでしょう。

アサーションが有効な時・傾聴が有効な時

ここでもう一度、アサーションや傾聴といったコミュニケーションスキルがどのような時に有効なのか確認しておきます。

アサーションが有効なのは、「自分は困っているが相手は困っていない」という状況です。

「あっ！　美味しそう！　小豆もらってもいい？」と無邪気に聞いてきた瞬間には、相手はまだ困っていません。もしかしたら「断られるのではないか！」という不安があるのに頑張ってアサーティブに要求したのかもしれませんが、その可能性はここでは置いておきましょう。

相手が困っていないので「私も小豆が好きなのよ。半分ずつしない？」というアサーションが有効に働きます。

迷子の子供の例では、親とはぐれて心細いうえに、怒られるのではないかと不安を感じているというネガティブ感情にとらわれています。こんな状況――つまり相手も困っている状況ではたとえアサーティブに要求を伝えても、相手の心に届くことはありません。

小豆のおはぎの例に戻ります。

「あっ！　美味しそう♪　小豆もらってもいい？」と聞いた瞬間には相手は困っていなかったとします。それでも、「私も小豆が好きなのよ。半分ずつしない？」とあなたがアサーティブに語った時に、相手が困ることもあり得ます。

たとえば、こんな場合ですね。

「え〜！　私、きな粉はアレルギーなのよ。それにウグイスも味が苦手なの」

相手が困っている時に有効なのは「傾聴」です。傾聴とは、「相手に関心を持ち、相手を理解したいと願って、耳を傾けて相手の言葉を聴くこと」です。

この場合は、相手に関心を持ち、相手の事情を理解しようと努めて耳を傾けることです。「きな粉にアレルギーがあり、ウグイスも苦手だ」という事情を理解するのです。

傾聴してもらうと、悩みを聴いてもらえたことで安心し、聴いてくれた人を信頼して好意を持ちます。その結果、聴いてくれた人のことも理解したいと思うようになります。こうして、あなたのアサーションも相手の心に届きやすくなるのです。

まず自分が相手を理解する。すると、相手も自分を理解してくれるという順番です。

自分が相手を理解すると、
相手も自分を理解してくれる

傾聴で簡単！
日常の会話が、プチカウンセリングに

傾聴と言うと、カウンセラーだけが使える、とても難しい特殊技術であり、使いこなすには長期間にわたる特別な訓練が必要だと思っている人もいるでしょう。

むしろ傾聴はカウンセラーではない普通の人にお勧めしたいスキルです。子供が困っている時に親が傾聴する。パートナーが困っている時には、自分がカウンセラー役になる。そして自分が困っている時にはパートナーが話を聴いてくれる。友人同士が話を聴き合う。

家庭で、職場で、学校で、そして地域社会で、お互いがお互いの悩みに耳を傾け

ることができたらいいと思いませんか？　日々の小さな悩みや不満を本物のカウンセラーが必要になる前に、そしてうつや不安障害などを発病してしまう前に、お互いに理解し、ケアし合う関係が作れたら、とても素晴らしい世界になると思いませんか？

私はそれを**「プチカウンセリング」**と呼んでいます。

悩みを友達（親・パートナー）に打ち明けた時、最後まで話を聴いてもらえずにアドバイスされたり批判されたりして、悲しい気持ちになったことはありませんか？

「あ〜！　宿題終わんないよ〜」
「早く始めないからよ」
「……」

第三部

「ころんじゃった！　痛いよ〜」

「ちゃんと前を見ないからよ」

「うえ〜ん！（涙）」（さらに泣く）

「ころんじゃった！　痛いよ〜」

「男の子なのに泣かないの！」

「うえ〜ん！（涙）」（さらに泣く）

「彼が吸うタバコが臭くてねえ」

「ちゃんと言ったほうがいいよ」

「そ、そうねえ……そうなんだけど」

「また太っちゃったなあ。もうすぐ夏なのに」
「おやつ食べすぎよ」
「う、う〜ん、その通りなんだけど……」

悩みを聴いた人は悩んでいる人にどのように返すのが一般的でしょうか？　よくてアドバイス。ひどい時には批判や非難というのが実情ではないでしょうか？　自分が愚痴を言った時にアドバイスされて、「ただ話を聴いてくれるだけでいいのに！」、そう思ったことはありませんか？　悩みを打ち明けた時にいちばん助かるのは、実は横にいてじっと聴いてくれることなのです。

相手のためを思ってしてあげたことでも、アドバイスは相手の心に届くとは限りません。単に情報が欲しい時（道や方法を尋ねるなど）には、アドバイスはありがたいのですが、悩んでいる時にはかえってつらく感じることもあります。

「タバコは吸わないで、とはっきり言ったほうがいいよ」というのはとても正しいアドバイスです。しかし、はっきり言えるくらいならとっくに言っているのです。はっきり言えないからここで愚痴を言っているのですから、「はっきり言ったほうがいい」というアドバイスは無駄なうえに有害です。つまり**アドバイスとは「はっきり言えないあなたがいけない」と批判していることと同じ**なのです。

傾聴のヒント

ここでは傾聴の方法について簡単に述べておきます。

傾聴とは「相手を理解したいと願い、相手の言葉に耳を傾けること」です。

傾聴の基本は**「相手を理解したい」という思い**です。なぜ相手を理解したいのか？それは相手を理解できれば受容し共感できるかもしれないからです。そして理解され、受容・共感された話し手は聴き手を信頼し、安心して心の内を話すことができるのです。

そのためには話し手に関心を向けましょう。たとえばスマホは下に置き、テレビなどは消しましょう。まずは話し手が気持ちよく話すことができる環境を作ることが大切ですね。耳を傾けて真剣に話を聴きましょう。すると話し手は自分に関心を持ってもらえたと感じるはずです。そう感じることができたら話し手は安心して話ができるでしょう。

さらに、

タイミングよく相づちを打つ。
なるほどと思ったら素直にうなずいてみる。

ときには、自分が理解した内容が正しいことを確認するために相手の言葉をオウム返ししてみる。こういった行為は相手にこんな印象を与えます。

「自分は関心を持たれている」
「正確に理解された」
「きちんと話を最後まで聴いてもらえた」
「それは自分が相手に好かれているからだ」

ちなみにオウム返しとは、話し手のセリフをオウムが繰り返してしゃべるように返事をすることで、「自分はあなたのことを理解した」と伝える技術です。

たとえば、「悲しいよ」と相手が言えば「悲しいんだね」とオウム返しすることで、話し手が悲しんでいることを理解したと伝えることができます。その結果、話し手は理解してもらえたとわかり安心して話すことができるのです。

ここで注意点です。話の途中で批判やアドバイスをしたくなっても口を閉ざしておきましょう。

「はっきり嫌だって言えばいいのに！」
「はっきり言わないからよ！」

そんなことを言われたら、開きかけた心の扉はあっという間に閉ざされます。

同意も危険です。

「そうよね！　彼ってひどいね」と同意してもらえたら？　表面的には「わかってもらえた！」と思うかもしれません。しかしそれは「あなたは正しい」という判断を聴き手がしていることになります。聴き手が正しいと判断すれば同意し、間違っていると判断すれば批判しアドバイスするのでは、判断の基準が「聴き手」になってしまいます。これでは傾聴ではなくなってしまうのです。

今回は聴き手に同意してもらったけれど、なにか間違ったことを言えば批判され

第三部

るのではないかという不安が潜在意識の中で渦巻いてしまいます。だから安心して話すことができなくなってしまうのです。

というわけで、相手が困っている時に傾聴するのであれば、相手の言葉をさえぎったり、批判・非難・アドバイス・同意したりせずに耳を傾けて傾聴しましょう。

具体例から学ぶ「傾聴」

この項では親子の会話を通して、傾聴の方法と効果を確認します。

「そうか、なるほど」などと相づちを打つことで関心を寄せていることを示し、オウム返しをすることで理解していると伝え、そして「悲しかったんだね」などと感情に寄り添うことで思いやりを伝えます。

そして聴き手が話し手を理解できた時に、話し手は理解されたと感じ、もつれた心が解きほぐされていきます。話を聴いてもらえたという体験を通して自分は受け入れられた、愛されたのだと実感します。カウンセリングや傾聴は愛の行為です。

たとえば親子関係を例に取ってみます。

悩んでいる子供の力になってあげたいと思っていても、方法を知らないと逆効果になることもあります。今回はそんな例を挙げてみます。まずはシーン1からご覧ください。

シーン1　**失敗例**

学校から帰ってきた小学校3年生の息子の健太君がしょんぼりしています。母親は元気づけてあげたい気持ちになりました。

母「あら、健太お帰りなさい。元気ないわね。どうしたの？」

子「雄二君がね、今日は塾だから遊べないって……」

母「それで元気がないの？　しょうがないわねえ」

子「塾だなんて言ってたくせに、さっき公園でサッカーやってたんだ」

母「あら、それじゃ、一緒に遊んだらよかったのに」

子「だって知らない子もいたんだもん……」

母「だめね、引っ込み思案で」

子「うるさいなあ！　サッカーなんてやりたくなかったんだよ！」

母「あら、サッカー好きだったじゃないの？」

子「ちがうよ！　嘘ついて別の子と遊んでたから頭にきたんだよ!!　ひどいよ」

母「ふ～ん、なるほど！　たしかに嘘つくなんてひどい子ね。そんな子とは遊ばなくってもよかったんじゃない？」

子「う～ん、そうなんだけど……」

母「もう、はっきりしない子ねえ」

子「……」

お母さんはしょんぼりしている健太君を励ましてあげたかったのです。しかしお母さんはその愛を伝える方法を知らなかったのですね。

この場面、傾聴を使うとこうなります。

続けてシーン2をどうぞ。

シーン2　傾聴を使って

学校から帰ってきた小学校3年生の息子の健太君がしょんぼりしています。母親は元気づけてあげたい気持ちになりました。

母「あら、健太お帰りなさい。元気ないわね。お母さんと話したい?」

子「うん。雄二君がね、今日は塾だから遊べないって……」

母「まあ、そうなの」

子「塾だなんて言ってたくせに、さっき公園でサッカーやってたんだ」

母「そうか……」

子「嘘ついて別の子と遊んでたから頭にきたんだよ!! ひどいよ」

母「それで頭にきているのね」

子「そうなんだ! 本当にひどいやつだよ……」

母「ひどいやつだと思うのね」

子「うん。でも……一緒にサッカーしてくればよかったかなあ……」

母「本当は一緒に遊びたいのね」

子「うん！　やっぱり僕、公園に行ってくるよ！」

母「そう？　いってらっしゃい♪」

健太君を元気づけてあげたいという気持ちは両方とも同じなのです。ただ、シーン1とシーン2では結果がまるで逆になっています。

第三部

傾聴を知らない場合（シーン1）では健太君のストレスはかえって強くなってしまいました。健太君はお母さんをわからず屋だと思い、お母さんもまた健太君が育てにくい子だなあと感じているでしょうね。お母さんの思いは空回りしてしまい、親子関係にも亀裂が入ってしまいました。

一方、傾聴を使ったシーン2では、健太君の気持ちを聴いてあげることで健太君のストレスを緩和して問題解決に導くことに成功しました。さらに、親子の信頼関係も強化されました。

うまくいかなかったシーン1とうまくいったシーン2の違いは傾聴テクニックを使ったかどうかです。

アドバイスは危険！

お母さんは健太君を元気づけてあげたいと思っています。そのためには人生経験豊かな自分がアドバイスしてあげなくっちゃと思っています。

たとえば、
合格率の高い塾はどこか？　とか、
東京駅から新宿駅までどのルートで行くのが速いか？　とか、
そんな問題ならば単なる情報なのでアドバイスでＯＫです。

しかし心の悩みを抱えている時はアドバイスしても効果がないばかりか、よけい心を閉ざしてしまって逆効果になってしまう危険性があるのです。アドバイスでさえ危険なのですから、批判や非難をしてしまったら、親子関係を壊してしまうかもしれません。

たとえば、シーン1のお母さんのセリフではこうなります。

「それで元気がないの？　しょうがないわねえ」↓批判

「あら、それじゃ、一緒に遊んだらよかったのに」↓アドバイス

「だめね、引っ込み思案で」↓批判

「あら、サッカー好きだったじゃないの？」↓批判を含めた質問

「ふ〜ん、なるほど！　たしかに嘘つくなんてひどい子ね」↓同意

「そんな子とは遊ばなくってもよかったんじゃない？」↓アドバイス

「もう、はっきりしない子ねえ」↓批判

さて、ここで同意についてもう一度解説しておきます。相手の意見に同意するのは一見よさそうですが、今ここでは同意してくれたけれど、別の時には批判されるかもしれないという恐れを抱かせることになります。

条件つきの承認、同意は潜在意識的には安心できないものなのです。

悩んでいるのは健太君です。その悩みに関していちばん詳しいのも健太君です。だとしたら、いちばんいい解決策を思いつくのは健太君でしょう。ただ、悩みの真っただ中にいると、頭が混乱してしまい、正しい解決策を思いつくことができなくなっているのです。こういう状態でアドバイスをされると、反発心から素直に聞くことができないのでした。ではどうしたらいいのでしょう?

傾聴してもらうと安心できる

誰かに愚痴を言った時に、いろいろとアドバイスしてくれても素直に聞けないという経験は誰しもしたことがあると思います。もっともらしいアドバイスをもらっても、「そうだね。でも……」とイエス、バット（Yes. But...）型の返答になりがちです。頭ではわかっていてもその気になれないのです。

「ただ愚痴を聞いてくれるだけでいいのに……」、そう思ったことがあるでしょう？

そこで傾聴です。

批判もアドバイスもせず、相手を理解したいと願って心を込めて耳を傾ける！

それが傾聴。傾聴はカウンセリングの基礎的なスキルであり、究極のスキルでもあります。

プチカウンセリングのすすめ

身近な人、大切な人が悩んでいると、あなたもきっと助けてあげたくなると思います。しかし、いろいろと知恵を絞って「こうしたらどう?」とか「ああしたら?」とアドバイスをしてあげても、「うーんそうねえ、でも……」と歯切れの悪い返事が返ってきたりします。

こういう時はじっと耳を傾けて相手の悩みを聴いてあげたほうが役に立てることが多いのです。

最後まで聴いてもらえずに途中で話の腰を折られたり、
すぐに言い返されたり、
それはよいとか間違っているとか判断（評価・批判）されたり、
ごまかされたり、
からかわれたり、

そんなこんなでつらい思いをしたことはありませんか？

逆に忙しい時に話しかけられて、

じゃけんに扱ったり、
話を聴いているつもりでも、どんなアドバイスをしようかと考えていたり、
なんとなく上の空だったり、
ひどい時はまったく別のことを考えていたり、

新聞やテレビを観ながら相づちを打っているだけ。

なんてことはありませんか？

私たちのコミュニケーションは希薄で一方通行です。なにを言っても真剣に聴いてもらえないと、人は人生に少しずつ失望していきます。

そして、子供の時からのこんな体験の積み重ねが自己肯定感を損ね、生きづらさや居心地の悪さ、慢性的なストレスを引き起こします。そしてさらには心理的な病気の一因になってしまっていることが多いのです。

逆にお互いの言葉に真剣に耳を傾けて、心が通じ合えたと思える瞬間が、私たちに**「精神的な栄養」**を与えます。

この「精神的な栄養」が得られた時、ほっと一息つけて、自分で悩みや問題を解決する力を取り戻すことに繋がります。

相手の言葉に耳を傾ける＝傾聴はカウンセリングの基本的なスキルです。カウンセラーがクライアント（相談者）の言葉に耳を傾ける。するとクライアントに「精神的な栄養」が与えられて、自己肯定感が向上し、悩みや問題を解決する力が湧いてきます。

悩みが大きくなってからカウンセリングに通うのではなく、身近な人同士でお互いに相手の言葉に耳を傾けて理解し合う時、多くの悩みは自然に解決に向かっていくでしょう。とても素晴らしいアイデアだと思いませんか？　それがプチカウンセリングです。

もしもあなたが大切な人の言葉に耳を傾けたとしたら、それはあなたがその人に愛情を注いだというしるしです。そしてあなたが愛情を注げるなら、それはあなたが愛に溢れているというしるしでもあるのです。

つまり傾聴を使ってあなたの大切な人の言葉に耳を傾ける時、とても素晴らしい2つのことが起こっています。ひとつはあなたが大切な人に愛情を注ぐこと、そしてもうひとつはあなた自身が愛情溢れる人になるということです。

もちろん、マインドフルにプチカウンセリングすることは、あなた自身のマインドフルネス能力を向上させ、自己肯定感を強化するでしょう。

お互いの言葉に耳を傾ける
＝傾聴は「精神的な栄養」になる

プチカウンセリング成功と失敗

子供が困っている時に親が傾聴する。パートナーが困っている時には、自分がカウンセラー役になる。そして自分が困っている時にはパートナーが話を聴いてくれる。友人同士が話を聴き合う。

日々の小さな悩みや不満を、本物のカウンセラーが必要になる前にお互いに理解しケアし合う関係を作る！　それがプチカウンセリングです。

この項ではある親子の会話を通して、傾聴を活用したプチカウンセリングを紹介します。

主人公はお母さんと高校生の息子さんです。受験間近で勉強の意欲が湧かない息子さんにアドバイスしてケンカになり、かえってやる気を失わせてしまいました。まずは失敗例からどうぞ。

お母さんの失敗

子「お母さん、ちょっと相談があるんだ」

母「なに？　どうしたの？」

子「うん。最近勉強にやる気が出なくって困っているんだ」

母「そういえば、この間の模試の結果はどうだったの？」

子「う〜ん、あまりよくなかった」

母「よくなかったって？　判定は？」

子「Dだった」

母「えっ！　D判定!!　センター試験まであと2か月じゃないの。そろそろ本気出さないと！」

子「う、うん。そうなんだけど、どうしてもやる気が出ないんだよ」

母「ここで頑張らなくてどうするの？　浪人することになるわよ」

子「わ、わかってるってば！　だから相談してるんじゃないか！」

母「そうだわ。家庭教師頼む？　それとも個別指導の塾にでも変わる？」

子「まあ、そういう手もあるけどねえ。今から塾を変えてもねえ」

母「とにかく、あとちょっとなのよ！　あんたならできる!!　頑張れ!!」

子「う～～ん……」

母「もう！　歯切れが悪いなあ。なんでやる気出ないの？」

第三部

子「なんでって言われてもなあ」

母「そもそも研究者になりたいっていう気持ちがあやふやなんじゃない？」

子「そ、そんなことないよ！　なに言い出すんだよ、お母さん!!」

母「とにかく、この時期にやる気が出ないなんてそんな甘えたこと言ってないで勉強しなさい」

子「うるさいなあ!!　もう放っておいてくれよ」

母「(言い過ぎたかと反省して）ま、まあそのうちに自然にやる気が出るかも。あんまり悩まないほうがいいわよ」

子「……！（退場）」

母「やれやれ」

息子さんは大学に入って研究者の道に進みたいという気持ちはあるものの、なかなか成績が思うように伸びずに悩んでいました。そこでお母さんに相談したのですね。お母さんはアドバイスしようとしたけれど逆効果に終わって親子関係まで悪化してしまいました。

お母さんはどういうアプローチをすればよかったのでしょう？

息子さんが求めていたのが単なる情報であれば、お母さんがアドバイスしたり励ましたりするのもよかったのですが、この場合は少し違いました。心理的な悩みがある時はアドバイスや励ましは逆効果になることも多いのです。

役に立たない（有害な）アドバイスの例

お母さんの発言のうち、傾聴として問題があるものをまとめました。

1 指示型「そろそろ本気出さないと！」
2 脅迫型「浪人することになるわよ」
3 提案型「家庭教師頼む？」
4 激励型「あんたならできる!!　頑張れ!!」
5 質問型「なんでやる気出ないの？」
6 分析型「研究者になりたいっていう気持ちがあやふやなんじゃない？」
7 叱責型「甘えたこと言ってないで勉強しなさい」
8 話をそらす型「あんまり悩まないほうがいいわよ」

この8つのタイプの対応には共通した問題点があります。それは親が子の**あるべき姿を決めつけて、それを押しつけ**ようとしている点です。

親やカウンセラーのほうが専門家だから、人生経験が豊富だから、そのほうがよいと思われることでしょう。しかし**人は誰もみな、自分のことは自分で決めたい**という欲求があるのです。

たとえば本やテレビを観ていて、そろそろ宿題をやろうかなあと思っている矢先に、「早く宿題をやりなさい！」と言われて、「今やろうと思ったのに‼」と嫌な気分になったことはありませんでしたか？　むしろやる気を失ったことでしょう。たとえ自分がやろうと思っていたことでも人にやるように言われると、反発してしまってやる気を失うのです。アドバイスが正しくても受け入れてもらえないなんて悲しいことですね。

アドバイスを受け入れてもらえないのは、親が子の、カウンセラーがクライアントの、あるべき姿を判断して、それを相手に押しつけようとするからです。

指示型、脅迫型、提案型、激励型はそれぞれ、クライアントがこうすべきだとカウンセラーが判断し、そうさせようとしています。質問型と分析型も、なぜあるべき姿から外れてしまったのかを問題にしています。叱責型は言うまでもありません。話をそらす型にしても、そんなことは取るに足らないことだなどと、いったい誰が決めることなのでしょうか？　本気で悩んでいる子（クライアント）の気持ちは、いったい誰が理解してくれるのでしょう？

この場合、『受験を間近に控えて全力で勉強に立ち向かうというあるべき姿』に息子さんをはめ込もうとしているお母さんの姿勢が見て取れます。息子さんの気持ちは二の次になっています。

子供の問題にもっとも詳しいのは、ほかならぬその子供自身なのです。問題を熟知しているのがクライアントなら、解決策を知っているのも世界でただひとり、クライアントだけです。

ただ……悩みにとらわれて頭が混乱して思いつかないのです。だからクライアントの混乱した頭を整理してあげることが必要なのです。そのために役に立つのが傾聴です。

以上を踏まえて、もう一度息子さんの言葉に耳を傾けてみましょう。

お母さん、息子をプチカウンセリングする

母「この間は話も聞かずにいろいろと決めつけたりしてごめんなさいね」

子「うん。まあ僕もちょっと興奮し過ぎちゃったところもあるし」

母「今日はあらためてきちんとあなたの相談を聞こうと思うの」

子「あっ、いや、いいよ」（警戒している様子）

母「今度は話の腰を折らずにちゃんと聞くから」

子「そ、そうかい？」（まだちょっと疑わしそうな様子）

母「勉強する気が起きないいんだっけ？」

子「まあ、そんなところかな……」

母「なぜ、（おっといけない！　質問しそうになっちゃった！）よかったら……もうちょっと詳しく話してみない？」

子「う～ん、そろそろ本腰を入れるべきだってことはわかっているんだけどね」

母「なるほど、本腰を入れるべきと思っているんだ」（オウム返し）

子「あ、ああ。（いつもとちがう親の態度にちょっと戸惑う）平日はまだいいんだけどね。土日とか学校が休みの時は朝からたっぷり時間があるだろ?」

母「そうね」（うなずき・相づち）

子「それで、朝起きてから夜寝るまでにあれこれやろうと思って、計画を立ててるんだけど、時間があるものだからかえってのんびりしちゃうんだ」

母「なるほど！　時間があるからのんびりしちゃうんだね」（オウム返し）

子「そう。朝起きてまずメールチェックでもしようかなと思ってパソコンを立ち上げるでしょ。そのあとなんとなく『ちょっとだけ』とか思ってLINEをのぞいたり、ゲームを始めちゃったりするんだ」

母「ふうん」（うなずき・相づち）

子「うん。『こんなことしてちゃいけない！』とは思うんだけどね」

母「こんなことしてちゃいけないって思うんだ」（オウム返し）

子「そうなんだよ。でも気がついたら1時間ぐらいネットを見ちゃってるんだ」

母「1時間も見ちゃうんだ」（オウム返し）

子「それで、『あ〜あ、今日も無駄な時間を過ごしちゃった』って自己嫌悪！
その日一日気分が乗らないままで過ごしちゃうんだよ」

母「自己嫌悪しちゃうんだね」（オウム返し）

子「そうなんだ。いっそのこと、毎週日曜日に朝から模擬テストがあれば、
朝からゲームやっちゃうなんてことないのになあ」

母「模擬テストがあればゲームにはまることもなく、勉強がはかどると思う
のね。じゃあ、日曜の朝からやっている塾に行ってみたらどう？」

子「うーん……。それは気が進まないなあ」（なんとなく気乗りしない様子）

母「（しまった！　これはアドバイスだった!!　傾聴に戻すぞ!!）塾に行くのは気が進まないんだね」（オウム返し）

子「そうなんだ。わかるところだったら講義に出ても無駄だし」

母「なるほど。無駄に思えるんだ」（オウム返し）

子「うん。そうなんだよ。自分がわからない弱点だけを教えてくれるならいいんだけど、ほとんどはできる問題が多くて無駄に思えるんだ」

母「なるほどねえ。弱点だけ教わりたいのね」（オウム返し）

子「うん。そうだ、お母さん！　この前、家庭教師の話していたよね」

母「え？　ええ……」

子「あれもう一度考えてみようかなあ。それなら時間の無駄もないし！」

母「家庭教師なら無駄な時間もなくなるのね」

子「うん。この前聞いた時は『そんなの今さら』って思ったけど、家庭教師つけてもらうのもいい考えだっていう気がしてきた」

母「じゃあ日曜日の朝に来てくれる家庭教師を探してみましょうか？」

子「そうして、お母さん。ありがとう。なんだかすっきりした気持ち。じゃあ、僕は勉強に戻るね。今日ははかどりそうだ」

母「よし。頑張れ！」

（著者注：すでに息子は心の悩みを解消しているので、『家庭教師を探す』という提案や『がんばれ』などの激励をしても問題はありません）

傾聴で深まる気付き・癒しと解放

話し手の言葉に耳を傾けて傾聴し、話し手を理解した時、聴き手は話し手を受容し共感できるでしょう。

すると、聴き手に受容され共感された話し手は批判、非難、アドバイスなしに話を聴いてもらえるという安心感と、話を聴いてくれる相手への信頼感をもとに話を続けることができます。

そしていつしか**自分でも気付かなかった心の奥底、潜在意識の中に隠された気持ちに気付き（洞察）、癒しと解放が起こります**。これが傾聴の効果です。

傾聴が得意な人に聴いてもらっている時に突然、「自分がそんなことを考えていたのか！」と気付き、驚くことがあります。

たとえば、

「タバコのにおいが嫌いなんだね」

「う〜ん、タバコのにおいも嫌なんだけど、ちゃんと嫌って言えないことのほうが本当は嫌なの」と言った瞬間に、話し手は「アサーティブに嫌と言えない自分が嫌だ！」という本心にはじめて気付きました。

もちろん、ずっとその自己嫌悪は感じていたはずですが、傾聴してもらううちに、自分の中から出てくる言葉ではじめて自己嫌悪に気付いたような、腑に落ちたような感覚が生まれます。

すると、アサーティブになれない自分を自己嫌悪している事実を客観視し、一歩引いた視点から冷静に眺めることで、**「アサーティブに言うなんて怖くてとても無理だと思っていたけど、思い切って言ってみても大丈夫なんじゃないかな」とふと思えたりもする**のです。

「アサーティブに言うと嫌われるかもしれない！」という自分の心の声を聴くことで癒しと解放が起こったのです。

この自己客観視がマインドフルネスです。自分がとらわれていたネガティブ思考を手放し自由自在に生きる！　マインドフルネスはそのチャンスを与えてくれます。

傾聴で強まる自己肯定感

さらに、傾聴は話し手の自己肯定感をはぐくみます。

私たちは子供のころからきちんと話を聴いてもらう機会があまりありませんでした。話の腰を折られ、中断され、無視されることが多かったでしょう。すると、「君の話は聞く価値がない」というメッセージが潜在意識に書き込まれてしまいます。やがてそれは自分自身の内なる声、すなわち「自分には価値がない！」という破壊的なメッセージとして自らを傷つけるようになります。

親や周りの大人、そして友人たちはあなたに多くのアドバイスや忠告をしてくれたでしょう。そしてそれは、おそらくは善意からの行為だったことでしょう。

しかしその結果、私たちの潜在意識では「自分では物事を決めることができない弱い人間だ！」と翻訳され、自己肯定感が傷つき、弱められる結果となったのです。

そこで傾聴です。

誰かに傾聴してもらうことは、こんなに素晴らしいメッセージなのです。

「あなたの話には耳を傾けて聴く価値がありますよ」
「あなたの意見やあるがままの感情を表現してもいいのですよ」
「なぜなら、あなたは大切な人ですから」

話の腰を折らずに最後まで聴いてもらうという得難い体験をすると、潜在意識にはこんな素晴らしい暗示が入ります。

「私の話は聞く価値がある」
「私は大切な人間だ！」

かくして、傾聴されるという体験を通して傷ついた自己肯定感が癒され、強化されるのです。

傾聴で始まるマインドフルネス

傾聴してもらうと自分の心の声を聴くことができると述べました。

ところで、マインドフルネスとは、**自分と自分を取り巻く「今、ここ」の現実にリアルタイムかつ客観的に気付いていること**です。とりわけ自分がなにを考え、感じているのかがその気付きのもっとも重要なポイントになります。つまり、**マインドフルネスとは自分自身の心の声を聴くこと**にほかなりません。

悩んでいる時に傾聴してもらうことで自分の心の声を聴くことができるのであれば、傾聴の効果はこう表現できます。

「傾聴してもらうとマインドフルになれる」

傾聴という行為が悩みの解決になぜ効果があるのか？　それは、傾聴されることでマインドフルに自分の心の声を聴くことができるからだと考えることも可能です。

もうひとつ、傾聴とマインドフルネスにはとても重要な側面があります。それは傾聴する側におけるマインドフルネスです。

たとえば聴き手が話し手の言葉を聴いている時に、ついアドバイスしたくなるのはよくあることです。

「そういう時は、はっきり私も小豆が欲しいって言ったほうがいいのよ……」
「タバコは嫌だって言えば？」

またはつい批判してしまうこともあるでしょう。

「はっきり言わないあなたも悪いんじゃない？」

こうして話し手の心の扉は閉じてしまいます。

この時、傾聴する人が、自分がアドバイスや批判をしたくなっているという自分の心の動きに気付くことができたなら？……のど元まで出かかったその危険なアドバイスや批判を呑み込んで傾聴を続けることができるでしょう。

そのためには、傾聴する側が **「自分の心の動きに気付く＝心の声を聴く」** ことが重要です。それはつまり、傾聴する側にもマインドフルネスが必須であるということです。

マインドフルにアドバイスをしたくなった心に気付いた時にだけ、意図的にアドバイスしないという選択が可能です。それは怒っていることに気付いた時に、その怒りをぶつけない選択が可能になるのと同じことです。

そして、心の声に気付いて「アドバイスしない」ことが傾聴のスキルを向上させるとともに、マインドフルネスの能力をもまた向上させてくれます。

つまり、傾聴することが傾聴する側（聴き手）のマインドフルネスをもまた強化するのです。

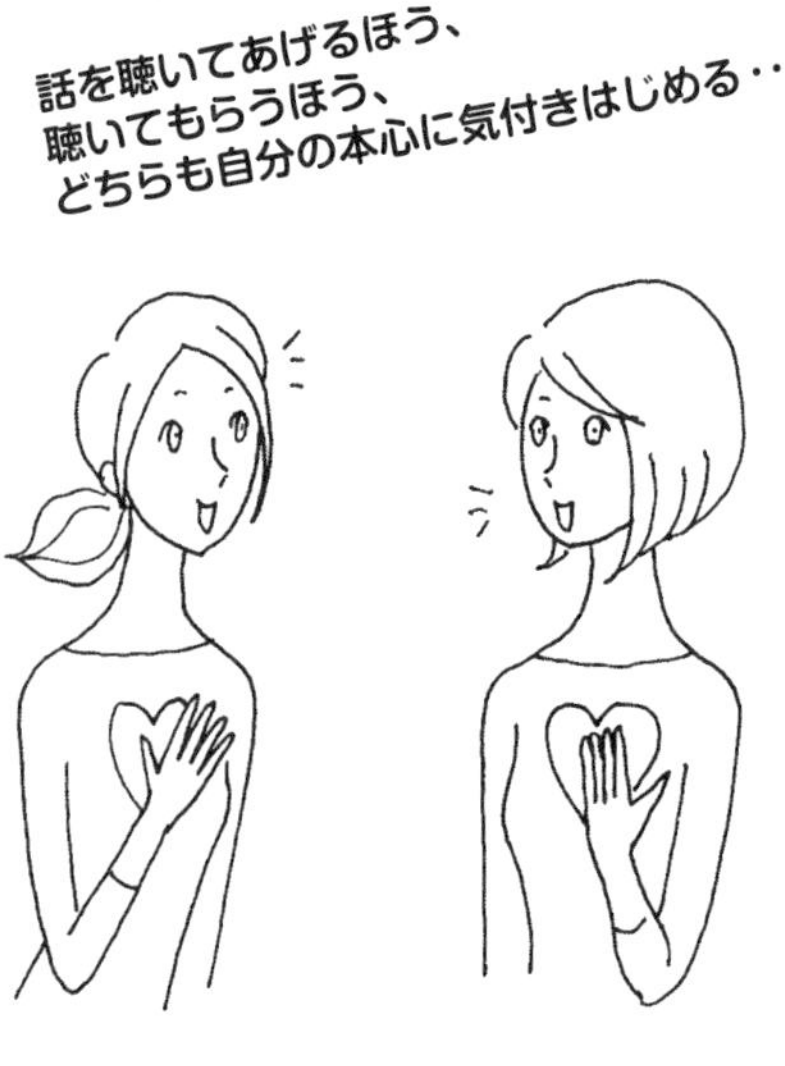
話を聴いてあげるほう、
聴いてもらうほう、
どちらも自分の本心に気付きはじめる・・・

上手な傾聴のコツ 3つのポイント

1 受容・共感が苦手

私は人の気持ちを受容したり共感するのが苦手だから、傾聴できないと言う人がいます。もう一度確認しておきましょう。傾聴とは**「相手を理解したいと願い、相手の言葉に耳を傾けること」**です。受容し共感することは傾聴ではありません。

傾聴によって相手を理解できた時に、その結果として相手を受容できたり共感できたりするのです。

もしかしたら傾聴し理解した結果、それでも受容・共感できないかもしれません。

それがあるがままのあなたの気持ちであればそれでよいのです。
「あなたの気持ちは理解した。でも受け入れることも共感することもできない」と率直に言ってもいいのです。

2 相手の言い分に同意してしまいそう！

たとえば自分の子供が学校に行きたくないと言い出しました。普通の親なら、とりあえずなんとか登校させたいと思うことでしょう。このまま不登校になったらどうしようと不安になってしまいます。

こんなときに傾聴したら、子供の言うがままに登校しないことに同意してしまいそうだと心配になり、たとえ傾聴のスキルを知っていたとしても使えないでしょう。

「学校に行けば気分も変わるかもよ」

「1時間目だけでも、とりあえず行ってみたらどう?」

「保健室に行くだけでも」

「このままじゃずるずる休んで、もっと行けなくなるよ」

「高校くらい出とかないで、将来どうするつもりなの!」


まずはなんとか登校させようとするでしょう。そのためにアドバイスしたりなだめたり、最後は脅したりと、様々なテクニックを駆使します。しかし、親が登校させようとすればするほど、自分の気持ちがわかってもらえないことで、子供の不安はますます増大します。

結論から言えば、そんな時こそまずは傾聴です。傾聴されると、子供は親が理解しようと努力してくれているとわかり、安心します。すると、自分の中から素晴らしい解決策が生まれてきます。

第三部

「そうだ、1時間目だけでもとりあえず行ってみようかな」

親のアドバイスとして聞いた時には反発心が湧いたことでも、自分の中から出てきたアイデアはとても素晴らしく思えます。それも、親が傾聴することで安心できたからこそです。

安心できればさらに悩みを打ち明けてくれるかもしれません。

「勉強についていけないんだ」
「嫌な奴がいるんだよ」
「朝、起きられないんだ」

そこからさらに傾聴が続いていくのです。

傾聴によって話し手（この場合は子供）の事情や胸の内が理解できれば、もしかしたら、聴き手（自分）の心が変わるかもしれません。つまり、話し手を受容・共感できるようになるかもしれません。その結果の同意なら、それはまたひとつの選択として尊重するといいでしょう。

傾聴によって理解した。しかし受容・共感できないという場合はどうでしょう。

そんな時こそ、アサーションの出番です。

話し手の不安が傾聴されることでほぐれている今なら、あなたのアサーションが胸に届く可能性もあります。

今こそ親としての自分の価値観を率直に語る時です。迷子の子が見つかった瞬間に「どこに行っていたの！」と叱るのではなく、いきなり、「あなたの姿が見えないとお母さんは心配なの」とアサーティブに迫るのでもなく、まずは「怖かったね」と抱きしめて傾聴し、子供が安心したあとに自分の気持ちをアサーティブに語る要領です。

第三部

十分に傾聴し、話し手の心に安心と信頼感が生まれたなら、親が自分の価値観に基づいてアサーションを語るチャンスが生まれます。どうぞそこまで待ってください。

3 アドバイスしてしまう！

「彼がタバコを吸うから服ににおいがついて困るのよ～」

「はっきり言ったらどう？」

「う～ん、そうなんだけどね……」

はっきりアサーティブに言ったほうがいいなんてわかっているのです。でも、言えないから愚痴を言っているのです。それを「はっきり言ったほうがいい」なんてアドバイスされてもなんの役にも立ちませんし、むしろ有害です。

話し手が愚痴を言っている時には傾聴するほうがいいのです。

しかし、傾聴を学び、傾聴の効果を知っていても、ついアドバイスしてしまうことがあります。それはなぜでしょう？　話を聴いているうちに、自分の心の中にアドバイスしたい（もしくは批判したい、非難したい）という気持ちが湧いてきます。その気持ちに気付いていないから、ついアドバイス（批判・非難）してしまうのです。

自分の心の中にある思考や感情にリアルタイムかつ客観的に気付いていることがマインドフルネスです。

マインドフルネスとは、アドバイスしたくなったその瞬間に「自分はアドバイスしたくなっている」と気付いていることです。マインドフルに自分がアドバイスしたくなっていると気付き、そして悩んでいる人にアドバイスが有害であると知っていれば、アドバイスはしないでしょう。

アドバイスが有害と知っていても、ついアドバイスしてしまうのは、「アドバスしたい！」という自分の気持ちにマインドフルに気付いていないからです。マインドフルに気付くにはどうしたらいいか？　マインドフルネスとはなにか？

いよいよ、次の部でマインドフルネスに迫ります。

第四部　マインドフルネス

あなたは気付いていない！

マインドフルネスとは**「今、ここ」の現実にリアルタイムかつ客観的に気付いていること**です。

具体的に言えば、傾聴の途中でアドバイスしたくなっている時に、**「自分はアドバイスしたくなっている」**と気付いていることです。

「アサーティブに本音を言って嫌われたらどうしよう！」と不安に思っている瞬間に、自分が不安に思っていることに気付いていることです。

怒っている時、自分が怒っているということに気付いていること
嬉しい時、自分が喜んでいると知っていること
悲しい時、自分が悲しんでいると気付いていること

これがマインドフルネスです。

そう聞けば、きっとみなさんはこう思うでしょう。

「自分が考えていることくらいちゃんとわかるよ。ましてや、怒ってたりクヨクヨしてたり、悲しんでたりする時に気付いてないなんてあり得ないね！」

はたしてそうでしょうか？

怒りっぽい人は今までの人生で怒りでしくじったことがあることでしょう。そして、何度も「もう怒りをぶつけないぞ」と決意したと思います。深呼吸だとか6つ

第四部

数えるだとか、その場からとりあえず離れるとか、いろいろな対策を考えたかもしれません。

ところが、その決意は破られます。

「し、しまった！　もう怒らないって決めたのに……」

はっと我に返るのは、怒りに身をまかせてどなり散らしている最中か、もしくはどなられて泣き疲れ、そして眠ってしまった子供の寝顔を見て、後悔と自己嫌悪に浸っている時でしょう。

おや？　「はっと我に返ったらまた怒っていた」ですって？

すると、はっと我に返って自分が怒っていると気付く瞬間までは、**「自分が怒っていることには気付いていなかった」**ということになりますね！

ネガティブな人は心配事にとらわれ、クヨクヨしがちです。時には眠れなくなってしまったこともあるでしょうね。

「心配したって仕方ないんだから、もう考えないようにしよう！」

そう決意して寝床に入りますが、ふと気付くと、寝返りしながらまた同じことをクヨクヨ考えているのです。

おや？「ふと気付いたらまたクヨクヨしていた」ですって？

ふと気付いたらクヨクヨしていたということは、ふと気付く直前までは**「自分がクヨクヨしていることに気付いていてないかった」**ということなのです！

今、気付く直前までは怒り心頭に発して烈火のごとく怒っていたとしても、はっと我に返った瞬間にその怒りのパワーは半減しているはずです。取り返しがつかない状況でどうしよう！とクヨクヨしている時でも、自分がつまらないことにとらわれていたことに気付いてほっと一息つけることもあります。そんな時には、別の解決策を思いついたりします。

「はっと我に返ったらまた怒っていた」
「ふと気付いたらまたクヨクヨしていた」

その「はっと我に返った」「ふと気付いた」瞬間は自分と自分を取り巻く現実を一歩引いた視点から、冷静な気持ちで観ることができます。その瞬間がマインドフルネスです。

マインドフルネスとは
「今、ここ」の現実にリアルタイムかつ客観的に気付いていることです。

怒りや悲しみ、苦しみなどのネガティブ感情にとらわれている時に、ふと我に返ること、すなわち「マインドフルになること」はとても得難いチャンスです。怒りや悲しみなどのネガティブ感情のパワーは半減し、手放すことができます。

アサーションにまつわる不安や恐怖、罪悪感を感じている時にはっと気付くことは素晴らしいチャンスです。

その時にあなたが取る行動は、恐怖心にとらわれてパターンA（LOSE＝WIN）で我慢するのでもなく、恐怖感を乗り越えるために怒りのパワーを借りてパターンB（WIN＝LOSE）で自分の欲求を押しつけるのでもありません（27頁参照）。また、恐る恐る自己主張してみて、やっぱり反発されてへこまされるという

第四部

パターンでもありません。あなたは自分の正直な欲求を率直に伝え、相手に理解してもらいます。そしてあなたもまた相手を理解します。そしてお互いに納得のいくＷＩＮ＝ＷＩＮの解決を２人で創造していくのです。それがマインドフルネスの効用です。

傾聴の途中でアドバイスしたくなってうずうずしている時に、はっと気付くのは千載一遇の大チャンスです。アドバイスしたいという執着を手放して、傾聴を続けることができるでしょう。その結果、信頼関係を深めることができるのです。

アドバイスや批判によって、心の溝を深めてしまうことを防ぎ、信頼感を得ることができるでしょう。それもマインドフルネスの効用です。

そんな素晴らしいマインドフルネスにも欠点がないわけではありません。

マインドフルネスの欠点

マインドフルネスの欠点は2つあります。

ひとつ目は**「いざという時に自分の意志でマインドフルになれないこと」**です。自分なにしろはっと我に返る瞬間、ふと気付く瞬間がマインドフルネスですから。自分の意志ではっと我に返ったりふと気付いたりはできないですね。

つまり、

ネガティブ感情にとらわれて、今こそマインドフルネスが必要だ、という時にマインドフルネスになれないのです。

第四部

これは大問題です！　いざという時に役に立たないんじゃ？

大丈夫です。常日頃、マインドフルネスのためのエクササイズを地道に積んでいると、やがてマインドフルネスの回数や頻度が増えてきます。すなわち、いざという時にはっと我に返るチャンスが増えてくるのです。

もうひとつの欠点がこれです。

「マインドフルネスは長続きしない！」

はっと我に返って、ネガティブ思考を手放し、ネガティブ感情から解放されるチャンスを得たとしても、その得難いチャンスはすぐに失われてしまいます。マインドフルネスは持続時間が短いからです。

はっと我に返っても、すぐにまたマインドレスになってクヨクヨし始めます。マインドレスとはマインドフルの反対で、「今、ここ」の現実に気付いていないことです。

マインドフルとマインドレス、紛らわしいですね！　マインドレスを**「自動操縦モード」**と呼ぶことにします。

マインドレスだと自分の意志で物事を決定できず、あたかも自動操縦のロボットのように外界の刺激に対して反応的に、決められたパターンに従って自動的に動かされることが多いのです。それで自動操縦モードです。

たとえば、こういうことです。

イライラしたのでどなった。
怖かったので黙った。

イライラしたけど我慢したり、怖いけれども立ち向かったりするには意志の力が必要です。自動操縦モードだと、その意志の力を発揮することさえ思いつかず、あたかも自動操縦されたロボットのように、これまでの行動パターンのままに振る舞ってしまいます。

マインドフルネスの欠点のひとつ目は「いざという時に自分の意志でマインドフルになれない」ことでした。そしてマインドフルネスのもうひとつの欠点は「長続きしない」ことです。せっかくはっと我に返っても、自分がマインドフルネスという稀有の得難い体験をしていることに気付かずに、ふたたび自動操縦モードに戻ってクヨクヨしてしまうのです。

それはひとつにはマインドフルネスを知らないからです。そしてマインドフルネスの基礎練習の不足でマインドフルネスの持続力がないことが原因です。

でも大丈夫です！

みなさんはマインドフルネスを知ったわけですから、今後はマインドフルネス体験をした時、すなわち、はっと我に返った時にこれがマインドフルネスであると認識できるようになりました。あとは地道に基礎練習をしてマインドフルネスの持続力を鍛えるだけです。そしてアサーションや傾聴を実践する中でマインドフルネスはさらに磨かれていきます。

【マインドフルネスの歴史的な背景】

マインドフルネスと言えば英語ですから、欧米発かと思いきや、そのルーツは意外に古く、発祥の地はインドです。

お釈迦様が悟りを開いた時の心の状態、それがマインドフルネスなのです。

お釈迦様と言えば、王子様として生まれたのちに、人生のあらゆる苦しみを滅する方法を求めて出家した方です。最初は苦行に活路を見出しましたが果たせず、瞑想によって苦しみの原因を突き止め、苦しみから解放される方法を確立されました。北方から日本に伝わったのが禅（禅宗）であり、南方へ伝わったのがヴィッパッサナ瞑想です。

のちに欧米に伝わり、マインドフルネスという名前がつきます。マインドフルな心の状態を保つからマインドフルネス瞑想ですね。やがてマインドフルネスのメンタルヘルスへの効果が注目され、心理療法の一部である認知行動療法に組み込まれました。それがマインドフルネス認知療法です。

さらにグーグルやインテル、P&Gなどの大企業がマインドフルネスの効果に注目し、社員研修に採用し広まりました。

欧米で流行ったものはやがて日本にも入ってきます。もともと禅が日本にあったわけですから逆輸入と言ってもいいでしょう。かくして今では、禅、ヴィッパッサナ瞑想、ヨガなどのボディワーク、宗教（仏教）、心理療法、一般社員研修と様々なマインドフルネスの花が咲き誇っています。

マインドフルネスとアサーション

1 アサーションをする時＝心の声を聴くマインドフルネス

マインドフルネスとはなにか、概略を理解していただいたところで、マインドフルネスとアサーションの関係についてもう少し考察しておきたいと思います。

ひとつはアサーションをする時に、マインドフルネスが必要であるということです。そしてもうひとつは、アサーションをすることがマインドフルネスを鍛えるという側面です。

アサーションをする時に、相手の行動や言葉が自分にどのような影響を及ぼして

第四部

いるかを知るためには、自分の心の声を聴く必要があります。

あなたがここでタバコを吸うと、「私にどのような影響があるのか？」、「私はどう感じるのか？」、それが正確にわかっていなければ自分の気持ちに正直なアサーションを作り、率直に主張することはできません。

本当に困っていることを伝えなければ、相手に共感してもらうことは難しいでしょう。

先ほどの迷子の例です。迷子になった子供を見つけて「ひとりで勝手にふらふらしちゃだめって言ってるでしょ！」と激しく叱りつけるという場面の例です。

親がマインドフルに自分の心の声を聴いてみれば、怒りとは違った感情に気付くかもしれません。子供が迷子になって必死に探し回っている時には迷子になった子供がどんなに心細い思いをしているのか心配したり、とんでもないことになっていないかと恐れたりしたのではないでしょうか？

そこに気付いた時、子供に伝える言葉はまったく違ったものになる可能性があります。「あなたの姿が見えなくてすごく心配した」と伝えたほうが、子供の心に響くのではないでしょうか？

傾聴のところで解説した通り、怯えきった子供に最初に行うのはアサーションではなく、傾聴のほうが効果的ですが、それもマインドフルネスだからこそ思いつくことができるでしょう。

マインドフルに心の声を聴き、自分の本心がわかってこそ、有効なアサーションができるのです。

2 アサーションを告げる時＝罪悪感を手放すマインドフルネス

自分の心の声を聴き、正しいアサーションを作ったとしても、自分の本心を告げることに慣れていない人は不安や罪悪感を感じるでしょう。

こんなこと言って、わがままって思われないかな？
けんかになったらどうしよう！
反発されるんじゃないだろうか？
自分さえ我慢したら丸く収まる……

慣れ親しんだ思考回路、行動パターンが出てくるのは仕方ありません。

ここで、「自分にも権利はあるんだ」「アサーションすればきっとわかってくれるはずだ！」と無理やりポジティブに考えてみても、不安や罪悪感を完全に消すことはできません。

最終的にはこの不安や罪悪感に打ち勝ってアサーションするのがいちばんです。

そこで役に立つのがマインドフルネスです。

マインドフルに自分の不安や罪悪感を客観視し、一歩引いて冷静な観方ができた時に、あんなにも強かった不安感や罪悪感が少し緩和されることに気付くでしょう。

「自分の要求を伝えることが自分を大切にすることだよね。
言ってみても大丈夫かもしれない。
思い切って言ってみようかな」

それは無理やりのポジティブ思考ではなく、**自然にそう考えていた**という表現が当たっています。

第四部

マインドフルネスにはアサーションにまつわる不安と罪悪感をやわらげる効果があるのです。だから『思い切って言ってみよう』と思えるのです。

3 マインドフルネスを高めるアサーション

もうひとつの側面がこれです。アサーションがマインドフルネスの能力を高めるということです。

アサーションを作るため、自分の心の声を聴く時や、アサーションを伝えるため、自分の不安や罪悪感をマインドフルに手放す時は当然、マインドフルネスが欠かせません。つまり、アサーションすることによってマインドフルな状態になっているのです。**マインドフルネスを鍛えるいちばんの方法はなるべく多くの時間、マインドフルで居続けること**です。つまり、マインドフルにアサーションをすること自体がマインドフルネスを鍛えるのです。

マインドフルネスと傾聴

マインドフルネスと傾聴の関係については、「傾聴で始まるマインドフルネス」（149頁参照）で解説しましたのでここでは要点だけ復習しておきます。

「傾聴してもらうとマインドフルになれる」

「傾聴する側がアドバイスや批判をしたくなっているという自分の心の動きに気付く＝マインドフルに心の声を聴く」

「傾聴することが傾聴する側（カウンセラーなど）のマインドフルネスをもまた強化する」

第四部

マインドフルネスがアサーションを可能にし、その結果としてマインドフルネスの力をはぐくむ！

マインドフルに自分の不安や罪悪感を客観視し、
冷静な観方ができた時に、不安感や罪悪感が緩和される！

今ならなんか大丈夫かも。
思い切って言って
みようかな…

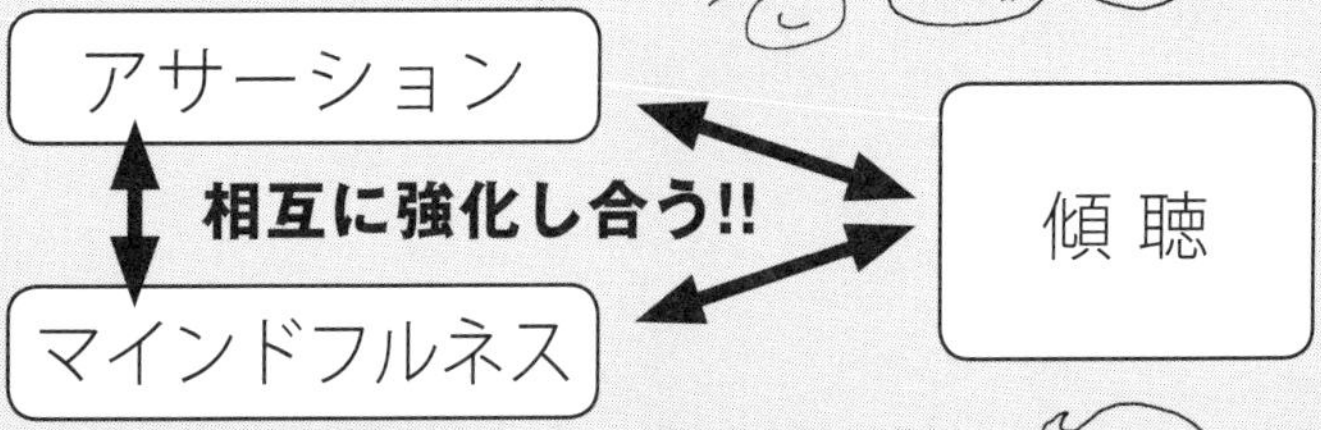
アサーション
マインドフルネス
傾聴
相互に強化し合う!!

気持ちが相手に通じる。
自分の要求を伝えることは
自分を大切にすること。

2種類のマインドフルネスの鍛え方

マインドフルネスになるきっかけは2種類考えられます。

すなわち、今からマインドフルネスの練習を始めると意図してマインドフルネスに入っていく時と、そして、ふとした偶然からマインドフルネスになっている自分に気付く時です。

それぞれを利用してマインドフルネスを鍛えることが可能です。

すなわち、

A　意図的にマインドフルになる
B　偶然のマインドフルネス体験を活かす

この2つの流儀のエクササイズです。

A　意図的にマインドフルになる

マインドフルネスとは「今、ここ」の現実にリアルタイムかつ客観的に気付いていることです。逆に、「今、ここ」の現実にリアルタイムかつ客観的に気付いていようとすることがマインドフルネスを鍛えることになります。

つまり、積極的、意図的に「今、ここ」の現実を感じることがマインドフルネスのエクササイズになります。それ

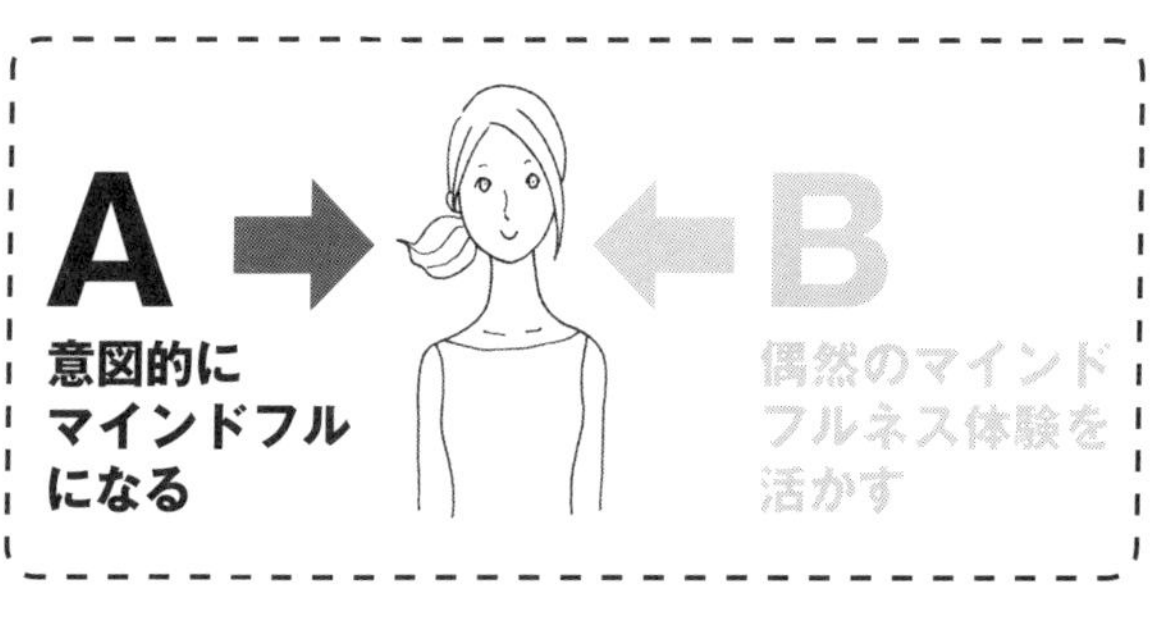

が、私が**「A　意図的にマインドフルになる」**タイプのエクササイズと呼んでいるものです。

ここでさらにひとつ重要な注意点があります。それは意図的に「今、ここ」の現実を感じようとするだけではなく、**感じようとしている自分にもまた気付いていることが必要**だということです。

たとえば、呼吸に伴って上下する胸やお腹の動きにフォーカスし、その動きを感じるエクササイズをしている時、その動きを感じることだけに没頭すると、感じている自分を忘れてしまうことがあります。それでは本末転倒で、せっかくのエクササイズが、マインドフルネスではなく集中力のトレーニングになってしまいます。

動きを感じながら、「自分が動きを感じるエクササイズをしている」という気付きを失わないことがマインドフルネスの状態なのです。

そのためには自分を実況中継し、**「私は今、呼吸の動きを感じている」**と言語化できるかどうかが目安になります。

集中と気付きの違いは迷う方がいますので、別の例を挙げておきます。

たとえば一心不乱に集中して勉強（研究・読書・ゲーム）をしていて、ふと我に返ったら2時間も経っていたとします。すると、その2時間は素晴らしい集中力でしたが、マインドフルではなかったということになります。

面白い（怖い・悲しい）映画やドラマを見ていて映画の世界に呑み込まれて主人公に自分を同化させてハラハラドキドキワクワクした時間を過ごします。そして、映画が終わってエンドロールが流れ始めたところで、「そうだった、映画を観ていたんだ」と我に返ることもあります。するとその間は素晴らしい充実した時間を過ごせましたが、マインドフルではなかったのです。

「今、ここ」の現実にリアルタイムかつ客観的に気付いていることがマインドフルネスです。客観的とは自分が「それ」を体験していることに気付いていると いうことなのです。

というわけで、いくつかの伝統的なマインドフルネスのAのエクササイズを紹介しておきます。

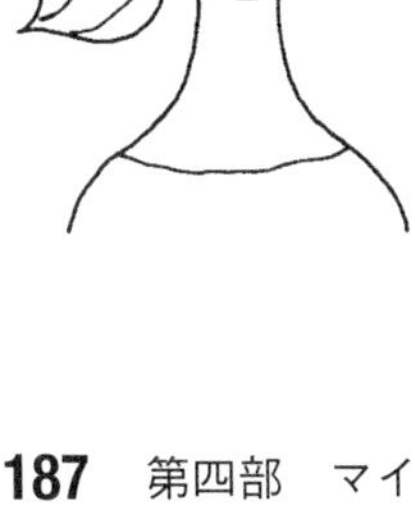

第四部

〈瞑想〉

まずは一点集中して、さらに集中していることに気付くように心がけます。これで瞑想の大切なところはほぼ完了しています。

集中する場所（瞑想の対象）はお腹や胸、鼻の先などが一般的です。ここでは仮にお腹といたしましょう。

あるがままの自然な呼吸をしながら、呼吸に伴ってお腹がどう動いているのかを観察します。たいていは、

息を吸う→お腹が膨らむ
息を吐く→お腹がへこむ

この動き の方が多いですが、時には逆になることもあります。どちらでも構わないのでしばらく動きに集中して観察します。

すると、呼吸に集中できたら、不思議なことにいったん思考が鎮まって穏やかになります。ところが退屈してくると集中が途切れていろいろな思考（雑念！）が出てきます。


「もうどのくらいやったかな」

「お腹すいたなあ」

「こんなことやってなんになるの？」

「そうだった！　あれやらなきゃ」

「いいこと思いついた！」


そこで思考していることに気付けたら、**「雑念！」と心で名づけてラベリング**したり**「これは思考だ。私は今雑念にとらわれている」と実況して**思考し続けることを

第四部

棚上げし、ふたたび呼吸によって動くお腹の動きに集中します。

するとしばらくは集中できているので思考が消えています。しかし、ほどなくしてまた思考（雑念）が出てきます。運よく思考していることに気付けたなら出てきた思考を追わずに手放して呼吸に戻ります。

思考が出る。思考に気付く。思考を手放す。

思考が出る。思考に気付く。思考を手放す。

思考が出る。思考に気付く。思考を手放す。

思考が出る。思考に気付く。思考を手放す。……

あとはこの繰り返しです。

マインドフルネス呼吸法

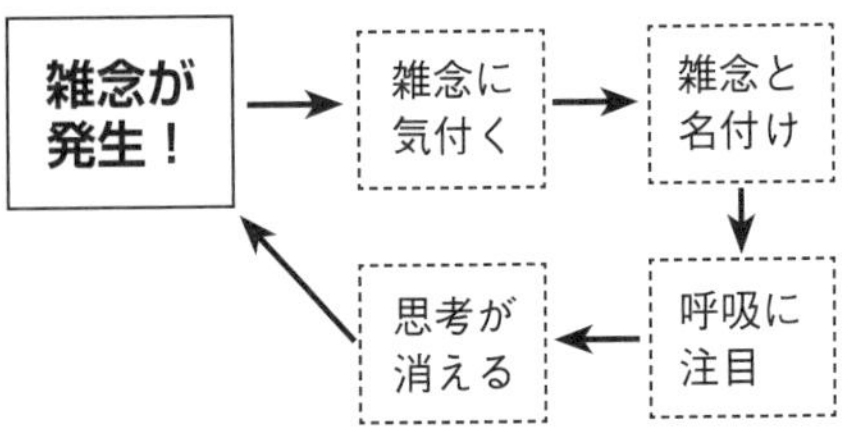

この瞑想は姿勢・動作や瞑想の対象を変えれば、なんにでも応用可能です。

たとえば座って鼻の感覚にフォーカスすれば、
「座る瞑想＝坐禅」になります。

歩きながら足裏の感覚にフォーカスすれば、
「歩行瞑想」になります。

口の中に注目して食べれば、
「食べる瞑想」です。

手の感覚に焦点を当てて、
雑巾がけをすれば「雑巾がけ瞑想」。

マインドフルに皿洗いをすれば、
「皿洗い瞑想」になります。

あとはご自分で編み出してください。すべてのことが瞑想となり、マインドフルネスのエクササイズになります。

このエクササイズの要点はどこにあるのでしょう？

それは思考への気付きです。

自分が思考していることに運よく気付いたら、それはマインドフルネスが立ち上がったということです。気付きが失われる前に瞑想の対象(この場合はお腹の動き)に意識を戻せるかどうかがマインドフルネスのエクササイズの肝になります。

思考し続けたいという誘惑に負ければマインドフルネスは失われて意識はマインドレス（自動操縦モード）となり、思考というバーチャルな世界をさまようことになります。

私たちは自分で考えているつもりになっていますが、実は思考というのはほとんどが外界の刺激に対する自動的な反応です。その反応の質を決めるのは**潜在意識の自己肯定感**です。

第四部

たとえばメールの返事が返ってこないという状況を考えてみましょう。

自己肯定感が強く、「あるがままの自分でも他人にそこそこ好かれている」と思えれば、「忙しいんだろう」と気楽に構えることもできます。

しかし、自己肯定感が弱く、「あるがままの自分では他人に受け入れてもらえない。いつか嫌われる」と恐れている人ならば？　メールの返事が返ってこないと「嫌われた！」と過敏に反応し、不安になったり悲しくなったりするでしょう。

このように自己肯定感が弱い人は自動操縦モードでネガティブ思考を繰り返しますから、なるべくならマインドフルな状態を保つほうが精神衛生上はよいのです。

通常の生活の中では、偶然にマインドフルになったとしても、ほとんどは思考の誘惑に負けて自動操縦モードで思考し続けます。瞑想の目的は、時間を決めて自分をマインドフルネスの世界にとどめようとすることです。

このエクササイズはたとえ短時間でも毎日行うことがとても大切です。たとえ短時間でもマインドフルな時間を過ごすことでマインドフルネスの能力はどんどん加速します。

最初は5分でもOKです。毎日瞑想しましょう。

では偶然にマインドフルネスとなった時に、自分をマインドフルネスの状態にとどめる方法はないでしょうか？　それが、Bの系統のエクササイズになります。

B　偶然のマインドフルネス体験を活かす

瞑想道場で合宿したり、坐禅道場で一日を過ごすという恵まれた方を除いては、どんなに頑張って瞑想したとしても、一日にせいぜい2〜3時間でしょう。瞑想していない時間のほうが圧倒的に長いはずです。

瞑想をしていない時間をいかに有効に活用するかがマインドフルネスの上達のカギになります。

日常生活の中でもマインドフルネスのチャンスはいくらでもあります。それは「はっ！」と我に返った瞬間です。それは怒りや不安にとらわれている時かもしれませんし、もっと何気ない瞬間かもしれません。

たとえばこの本を読んでいる時、たいていは本の内容を

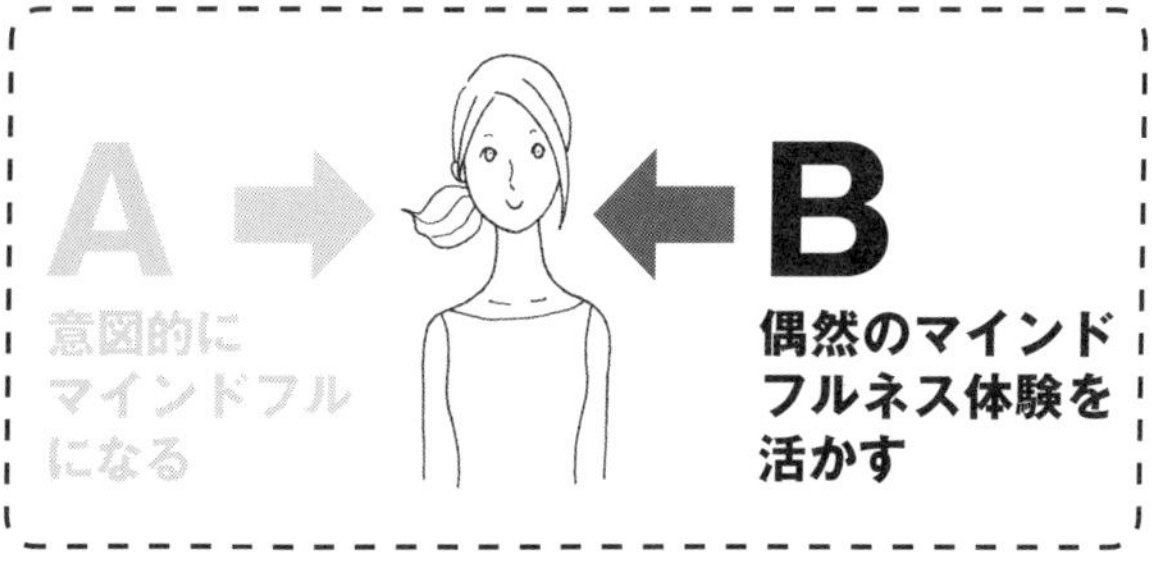

理解しようとして本に没頭しているか、退屈になってほかのことを考えているかのどちらかでしょう。

本を読みながら、「自分は今、マインドフルネスを学ぶためにこの本を読んでいるのである」と意識してはいません。しかし、この「自分は今、マインドフルネスを学ぶためにこの本を読んでいるのである」というところを読んだ時には、おそらく「自分は今本を読んでるなあ」と意識できたことでしょう。そう、その瞬間はマインドフルです。私の呼びかけがきっかけとなってマインドフルネスが起動しました！ただ、その気付きはすぐに失われます。頑張ってマインドフルであり続けようとしても、この本を読んでいたらせいぜい1～2分、1～2ページもすれば、もう自動操縦モードで本に没頭です。本を読んで勉強したり楽しんだりするというのが読書の目的ですから、それはそれでなんの問題もありません。かえって集中できて読書の効果は増すでしょう。

しかし、怒りや不安、恐れなどのネガティブ感情にさいなまれている真っ最中だとしたら、たまたま訪れてくれたマインドフルネス体験はすごいチャンスになるはずですね。

怒り心頭に発し、烈火のごとくにどなっていた瞬間に「はっ!」と我に返れば、怒りの大半は冷水を浴びたかのごとくに立ち消えになっているでしょう。

不安や恐れで前に進めず、立ちすくんでいる瞬間に「ふと」気付けば、たちまち不安や恐れのネガティブパワーは薄れます。

そんな時にはふと「とても無理だと思ってたけれど、そんなに悲観するほどのことじゃないかもしれない」と思えたりもします。それは無理やりのポジティブ思考ではなく、もっと自然なひらめきのようなものです。

傾聴を妨げる批判や非難の気持ち、アドバイスしたいという欲求、アサーションを妨げる不安や恐怖、罪悪感を手放せたら、きっと素晴らしいコミュニケーションができるでしょう！

瞑想をしている時ではなくても、私たちには日々、無数のマインドフルネス体験が訪れています。ただそのほとんどは気付かれることなく、無駄に消え去っていきます。

なぜなら、マインドフルネスの欠点その2で説明した通り、マインドフルネスは長続きしないからです。マインドフルネスの練習をしていなければせいぜい3秒くらいでしょう。この3秒の間に消え去っていくマインドフルネスをなんとか有効活用したいのです。

さて、そのためにできることはなんでしょう?

そんなに難しいことではありません。マインドフルネスになったと気付いた瞬間に**「自分は今、マインドフルである」**と確認しておけばいいのです。確認された気付きは有効活用されます。確認されなければ、マインドフルネスは虚空に消え去り、せっかくのありがたいチャンスも無駄になります。

その時に感じている感情に名前をつけてみましょう。そして実況中継してみましょう。

「怒り」
「私は今、怒りを感じていた」
「恐れ」
「私は怖がっていた」

するとマインドフルネスで得られた一瞬の気付きが客観視へと進みます。

「私は怒りにとらわれていたんだなあ」
「私は恐れに負けそうになっていたんだなあ」

こんな風に少し冷静に考えることができるかもしれません。ほっと一息つけるかもしれません。マインドフルネスによって得られた気付きが有効に活用されます。さらに、マインドフルネスを有効に活用することで、マインドフルネス能力が少しずつ向上します。

初心者では、マインドフルネスの持続時間は約3秒です。この3秒の間にマインドフルネスだと確認できるかどうかが勝負です。3秒を超えるとマインドレスとなり、自動操縦モードでクヨクヨ、イライラの渦に巻き込まれます。

アサーションと傾聴を用いた、マインドフルネスのエクササイズ

アサーションや傾聴にマインドフルネスが有効だと解説しました。そしてまたアサーションや傾聴がマインドフルネスを強化するとも書きました。

せっかくの機会ですからアサーションや傾聴をマインドフルネスの強化のために有効に使いましょう。

アサーションには不安や恐れ、罪悪感などがつきまといます。逆に言えば、これからアサーティブに自己主張するぞ、という時には不安・恐れ・緊張・罪悪感などのネガティブ感情が出現する可能性が高くなります。

これはチャンスです。不意打ちの感情は気付きにくくても、これからこの感情が出そうだというタイミングならマインドフルに気付くことが可能です。

今からアサーションするという時に、マインドフルにアサーションするのです。アサーションしやすくなるうえ、マインドフルネスの練習にもなり、一石二鳥です。

傾聴する時には、相手の言葉につい反発したり批判したりアドバイスしたくなります。だから、人の話を聴く時には、これらの感情が出現する可能性が高いと思っていれば、より気付きやすくなるでしょう。

こうして傾聴はその質を高め、マインドフルネスもまた一段向上するのです。

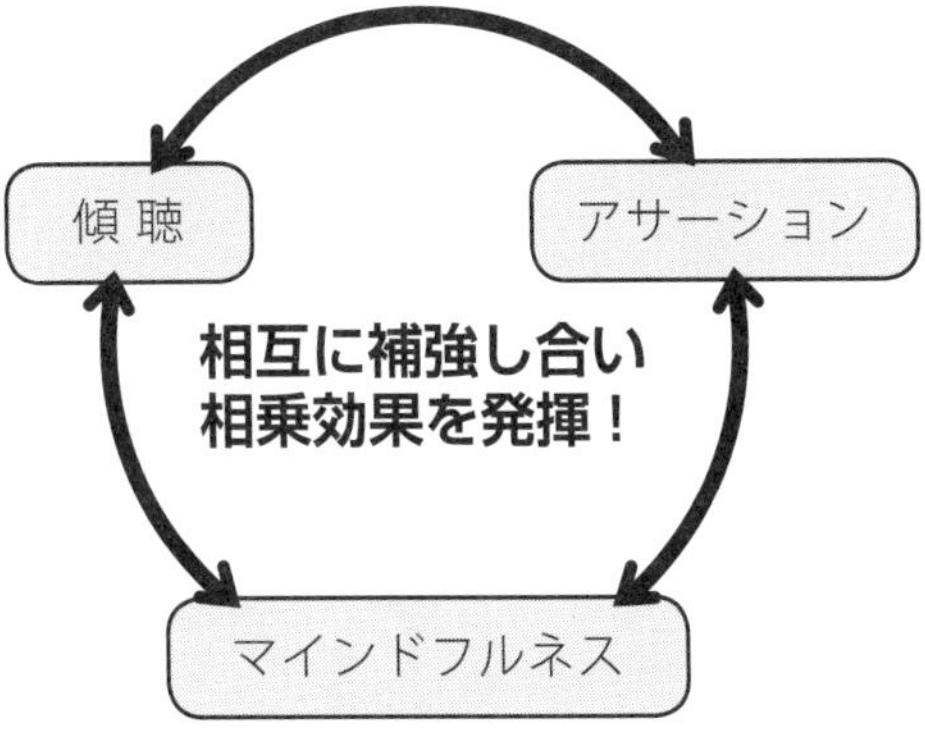

第四部

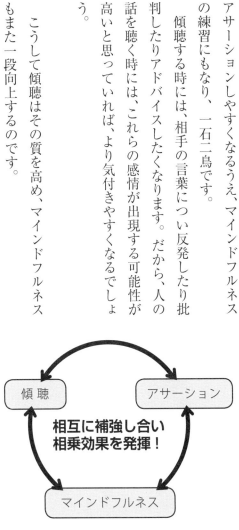

慈悲の瞑想

慈悲とマインドフルネス

この本では一貫してアサーション、傾聴、マインドフルネスを組み合わせることで相乗効果を狙い、コミュニケーションを円滑にして幸せになる方法を解説してきました。ここでもうひとつの大切な概念に触れておきたいと思います。それは**「慈悲の心」**です。

マインドフルネスとはお釈迦様が悟りを開かれた時の心の状態です。それで従来はマインドフルネスは禅や瞑想など、仏教の枠組みの中で伝えられてきました。それが欧米に渡り宗教の枠を超えてマインドフルネスとして一般の人にも伝えられるようになりました。
一部のテレビなどでは宗教性を排除してマインドフルネスとなったと報道されましたが、どうやらそうではないようです。むしろ慈悲の心があったほうがマインドフルになりやすいのです。

慈悲とは自分と他者を慈しむことです。生きとし生けるものの幸せを祈る心です。苦しんでいる人がいれば「その苦しみがなくなればいい」と願い、なにかを願っている人がいれば「願いごとが叶うといいね」と祈ります。みんな悟りを開いて幸せになろうと心から思う時、私たちの中には慈悲の心が満ちてきます。

マインドフルネスとは「今、ここ」の現実にリアルタイムかつ客観的に気付いていることです。私たちの心が憎しみや怒りにとらわれている時、マインドフルになることはとても難しいのです。

一方、自分と他者に対して慈悲の心がある時、心は穏やかとなり容易にマインドフルな状態へと導かれます。慈悲の瞑想(211頁参照)の力を借りて心を慈悲モードへと導く時、マインドフルネスの扉も開かれるのです。慈悲の瞑想はマインドフルネス瞑想ではありませんが、マインドフルネス瞑想と併用されることが多いのはそのためです。慈悲の瞑想はマインドフルネスの力をつける効果があるのです。

慈悲と傾聴

傾聴と慈悲の心の関係についても触れておきます。

泣き叫んでいる子供を見て慈悲の心が芽生えれば、たちまちマインドフルとなり、その場で必要なのが傾聴であることを思い出せます。

ところが、泣いている子供が自分を非難しているように感じたり、イライラしている時などはとても傾聴を思い出せません。また、思い出したとしても「傾聴などしてやるものか!」と意固地になってしまうこともあるでしょう。

そんな時こそ慈悲の瞑想が効果を発揮します。自分と相手の幸せを祈り、自分と相手の悩み苦しみが癒されることを願う時、心は徐々に穏やかになってマインドフルネスに導かれます。その結果「少し話を聴いてあげようか……」と心が動く可能性もあるでしょう。

普段から慈悲の瞑想を唱えておくことで心を慈悲モードにしておけば、泣き叫んでいる子供を見てイライラする前にマインドフルに傾聴に入ることもできるでしょう。

慈悲とアサーション

アサーションをする場面は多かれ少なかれ、相手に対して不満がある時です。油断するとすぐにマインドレスとなり、自動操縦モードに突入してしまいかねません。

パターンA（LOSE＝WIN）で黙り込むか、パターンB（WIN＝LOSE）で攻撃的に不満をぶつけるか、どちらにしてもLOSE＝LOSEになってお互いに負けるという不幸な結果に終わります。そんな時に慈悲の瞑想はどのような効果があるでしょう？

慈悲の瞑想では、まず自分の幸せを祈り、悩み苦しみが消えることを願います。

「私は幸せでありますように」
「私の悩み苦しみがなくなりますように」

私の悩み苦しみを消し去るためには思い切って相手に自分の欲求を伝えねばな

りません。パターンB（WIN＝LOSE）で攻撃的に伝えれば相手は引っ込むかもしれませんが、それでは相手が不満に思うでしょう。

慈悲の瞑想では相手もまた幸せであるように祈ります。

その相手は親しい人かもしれません。

「私の親しい人々が幸せでありますように」

ただの知人かもしれません。

「生きとし生けるものが幸せでありますように」

不倶戴天の仇敵かもしれません。

「私の嫌いな人々も幸せでありますように」

「私を嫌っている人々も幸せでありますように」

相手が誰であれ、その相手もまた幸せであることを祈り、悩み苦しみがなくなることを願う時、心は慈悲モードに導かれていきます。自分も相手もＷＩＮ＝ＷＩＮになりたいと願う時、アサーションという道が残されていたことに気付くでしょう。

慈悲の瞑想の唱え方

心を込めて、マインドフルに慈悲の瞑想を唱えることで慈悲の心を育て、マインドフルネスの能力もまた成長するでしょう。相手へのわだかまりを超えて慈悲の心で傾聴することができるでしょう。そして自分と相手の幸せを実現するためにアサーションすることができるでしょう。

では、慈悲の瞑想を紹介します。

【慈悲の祈り（慈悲の瞑想）】

私が幸せでありますように
私の悩み苦しみがなくなりますように
私の願いごとが叶えられますように
私に悟りの光が現れますように
私が幸せでありますように（3回）

私の親しい人々が幸せでありますように
私の親しい人々の悩み苦しみがなくなりますように
私の親しい人々の願いごとが叶えられますように
私の親しい人々にも悟りの光が現れますように
私の親しい人々が幸せでありますように（3回）

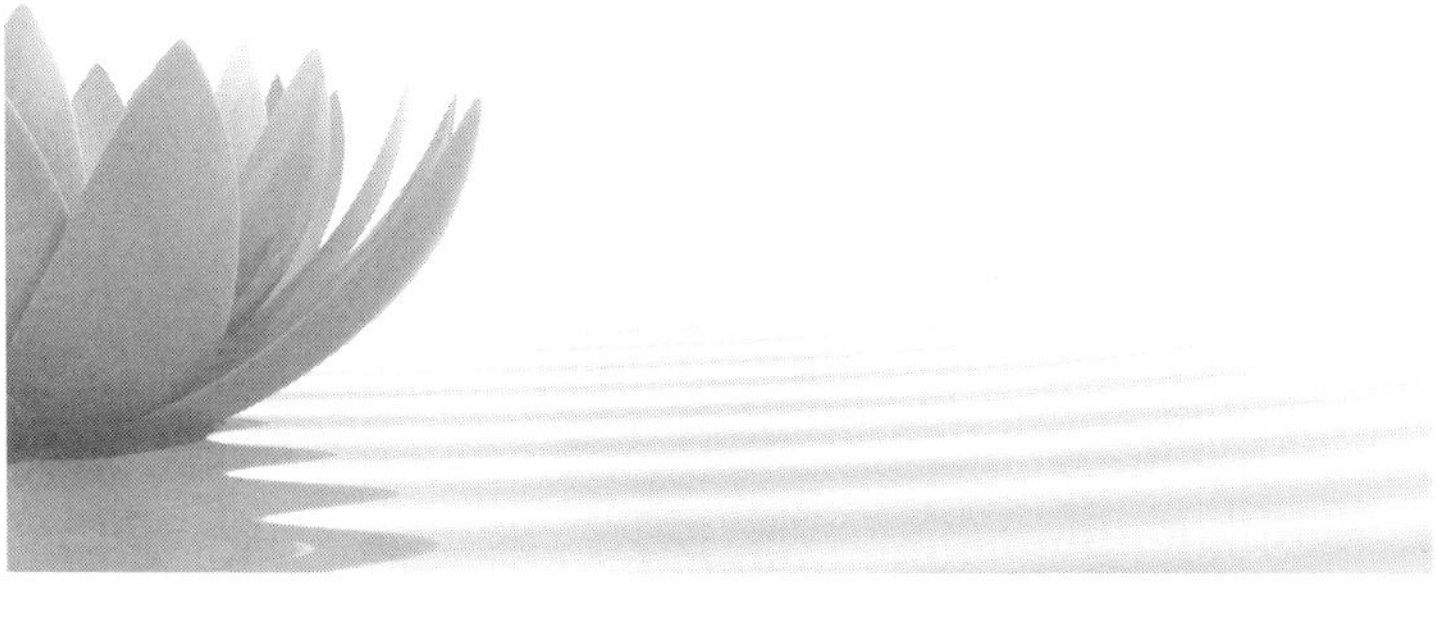

生きとし生けるものが幸せでありますように
生きとし生けるものの悩み苦しみがなくなりますように
生きとし生けるものの願いごとが叶えられますように
生きとし生けるものにも悟りの光が現れますように
生きとし生けるものが幸せでありますように（3回）

私の嫌いな人々も幸せでありますように
私の嫌いな人々の悩み苦しみがなくなりますように
私の嫌いな人々の願いごとが叶えられますように
私の嫌いな人々にも悟りの光が現れますように
私を嫌っている人々も幸せでありますように
私を嫌っている人々の悩み苦しみがなくなりますように
私を嫌っている人々の願いごとが叶えられますように
私を嫌っている人々にも悟りの光が現れますように
生きとし生けるものが幸せでありますように（3回）

慈悲の瞑想は4つの段落に分かれています。まず私自身の幸せを祈ります。次に祈りの対象を「親しい人々」に、さらに「生きとし生けるもの」へと広げていきます。最後に「私の嫌いな人々」や「私を嫌っている人々」の幸せまで祈って完成です。

慈悲の瞑想はなるべくマインドフルに唱えます。すなわち、「今、ここ」で自分が慈悲の瞑想を唱えていることに気付きながら唱えます。唱えているうちにぼんやりとしてくると自動操縦モードに陥ってしまいます。別のことを考えながら唱えては効果は半減してしまいます。

各段落の最後の（3回）とは3回連続でその文章を読むということです。たとえば最初の段落の「私が幸せでありますように」（3回）はその部分だけは「私が幸せでありますように」「私が幸せでありますように」「私が幸せでありますように」と3回読むということです。

まずは1回声に出して読んでみてください。

私が幸せでありますように
私の悩み苦しみがなくなりますように
私の願いごとが叶えられますように
私に悟りの光が現れますように
私が幸せでありますように（3回）

「私が幸せであればいいいな」と実感できましたか？　実感できなかったとしても毎日繰り返して読んでいくうちに、だんだんと慈悲の心が芽生えて自分の幸せを祈れるようになります。

自分への慈悲の心が芽生え、膨らみ、溢れてくると慈悲の心は他者へと流れ出します。最初は自分の親しい人々から、そして生きとし生けるものへ、最後に自分が嫌いな人々、自分を嫌っている人々へと慈悲の心が向かうようになります。まるでシャンパンタワーのようですね。

上のグラスが満たされて溢れてから下のグラスにもシャンパンが注がれるのです。同様に自分が幸せだから他者の幸せも祈れるのです。とはいえ、自分が幸せになるのを待っていたらいつになるかわかりません。それで毎日の慈悲の瞑想では最後の「私の嫌いな人々」や「私を嫌っている人々」まで一気に唱えるようにします。

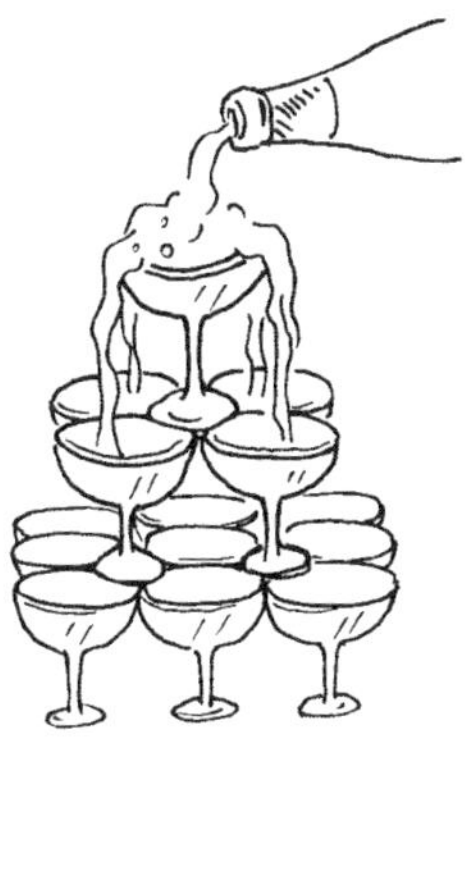

幸せとはなにか？

ところで各段落とも「幸せでありますように」から始まり、「悩み苦しみがなくなりますように」「願いごとが叶えられますように」「悟りの光が現れますように」と続きます。

最初に「幸せでありますように」と漠然と祈ります。幸せとはなんでしょう？　悩みや苦しみがある人にとって幸せとは？　なにはともあれその「悩み苦しみがなくなりますように」と願うでしょう。

その悩み苦しみが消え去ってくれたら？　その時は新しい欲が出てきます。もっとお金があったら。名声も欲しいし人脈も欲しい。だから「願いごとが叶えられますように」と祈るのです。

悩み苦しみがなくなり、願いごとが叶ったら幸せになれるのでしょうか？　また新しい悩み苦しみが現れ、新しい欲にさいなまれるかもしれません。どうしたら幸せになれるのでしょう？

そこで私たちは「悟りの光」に導かれます。悩み苦しみ欲望を客観視し、悩み苦しみ欲望にとらわれない心を手に入れた時に、本当の幸せが得られると慈悲の瞑想は教えています。

マインドフルネスとは「今、ここ」の現実にリアルタイムかつ客観的に気付いていることです。マインドフルネスによって悩み苦しみ欲望というネガティブ思考を手放し、不安や怒りや悲しみといったネガティブ感情を癒した時に、幸せは手に入ります。悟りの光とはマインドフルネスのことなのです。

アサーション、傾聴、マインドフルネスにさらに慈悲の瞑想を加えることで、さらに相乗効果が期待できます。

付録　Q&Aとまとめ

Q&A

嫌なことを考えないようにする方法は？

この章ではマインドフルネス、傾聴、アサーションを理解するうえでとても役に立つ質問を掲載しました。本文と合わせてお読みください。

Q…嫌なことがあるとついそのことばかり考えてしまいます。考えないようにしてもすぐにクヨクヨしてしまいます。どうしたら嫌なことを考えないようにできますか？

A…悩んでいる時間が長ければ長いほど、正確にはマインドレスに（自動操縦モードで）クヨクヨしている時間の長さが気分の良し悪しを決定します。だからなるべくクヨクヨしている時間を減らすことはとても大切なことなのです。

しかし、「考えない」ことはとても難しいのです。ピンクの象を考えないでと言われるとつい考えてしまうという有名な実験もあります。「××は考えないぞ！」と思った瞬間、その××を1回考えたことになりますし、かえって××について考えてしまうものです。

特定のことを考えないようにするのはとても難しく、何度も考えたことは思考回路に刻み込まれますから、もっと考えやすくなります。車輪がわだちの上を走ってしまうようなものです。

そこで考えられる工夫が2つあります。

1 別のことに集中する
＝「今、ここ」にマインドフルに集中する
2 ××についてマインドフルに考える

1 別のことに集中する

忙しい時には悩んでいる暇がありませんから、××について考えている時間も少ないのです。だからいつも忙しく働いている、というのもひとつの方法です。ただし、この方法では気が休まりませんね。それにふとした瞬間に忙しさが途切れると、不用意に考えてしまうということもあるものです。そもそもそんなに忙しくしているだけの用事もないかもしれません。「仕事中は気が紛れるんですが、家でのんびりしているとダメなんです」、そういう方がよくいらっしゃいますね。

そこで、忙しくする用事を見つけるのではなく、**「今、ここ」でしていることにマインドフルに集中するという方法**があります。

たとえば、掃除をしているなら掃除、食器を洗っているなら洗うこと、食べているなら食べること、歩いているなら歩くことに心を込めてマインドフルに取り組むのです。これなら忙しく仕事をしなくても日常生活を丁寧に行うだけで目的は達成されます。

この方法は、禅宗では作務としてシステム化されておりとても有効です。またヴィッパッサナ瞑想やマインドフルネス認知療法でも、歩く瞑想、食べ

る瞑想として採用されています。

「それって、考えないようにしているだけではありませんか？　現実から逃げているだけのように思えます！」

そう考えるあなたはとても鋭いです。忙しくしていて考える隙を与えないというだけならその通りです。考えないようにしても、考えていない時間に潜在意識の中ではクヨクヨの元はどんどん大きくなっています。それは圧力鍋の中味のようなものでいつか爆発するのは必定です。

ただ、「今、ここ」に集中し、マインドフルネスを鍛えることができたなら、悩んでいる最中にはっと我に返って（マインドフルネス！）客観視して手放すきっかけが増えるという意味で間接的に有効です。私もお勧めできる方法です。

2 ××についてマインドフルに考える

なにかを深く思い悩み、その悩みにとらわれている最中に、はっと我に返ったとします。つまりは、クヨクヨしている最中にマインドフルネスが起動したということですね。その時になにが起こっているのでしょう?

自分が悩んでいるという現実を客観視できるのです。最初は持続時間が短いのですぐにクヨクヨに戻りますが、適切なトレーニングを継続しているとマインドフルネス能力が向上しますから、自分が悩んでいるという現実を長時間にわたって客観的に観ることができるようになってきます。

すると、がんじがらめになっていた状況から一歩引いて冷静に観れるようになり、ほっと一息つくことができます。

すると「とても無理と思っていたけど、なんとかなるかもしれないな……」とか、「取り返しがつかないと思っていたけど、まだできることが

付録

あるかも……」と前向きに考えることができるようになります。これは意図的に前向きにと言うよりも、マインドフルネスによる客観視によって、状況を正しく観ることができる結果、自然に前向きに考えられるようになっているということです。

今まではマインドレス（自動操縦モード）で現実よりも悲観的にとらえていたことを、現実に即して考えられるようになるということです。

無理やりのポジティブ思考ではなく、より現実的に考えた結果の自然なニュートラルな思考への転換です。

〈注意〉

ただし、このはっと我に返るマインドフルネス体験を活かすには普段の練習としての瞑想や、「今、ここ」にマインドフルに集中してマインドフルネスを鍛えるエクササイズが欠かせません。そうでなければはっと我に返る貴重な瞬間はすぐに虚空に失われてしまいます。

Q&A
苦手な人といる時に、マインドフルでいる方法

Q…ひとりでいる時には比較的マインドフルになりやすいのですが、誰かといると難しいです。特に苦手な人と一緒にいると緊張してしまいます。なにかいい方法は？

A…誰かと一緒にいると刺激を受けていろいろな想念が発生します。心穏やかであればマインドフルに過ごせるけれど、いったん感情的になるとすぐに巻き込まれてしまい、マインドフルネスを保つのは難しいですね。

特に苦手な人と会う時には嫌なことを言われるのではないかと緊張して、最初から嫌な気分になってしまい、そのまま自動操縦モードで面談が始まってしまうこともあるでしょう。

突然出会ってしまったという時は仕方ありませんが、今から苦手な人に会いにいくという時は心の準備をすることができます。そんな時にお勧めなのが慈悲の瞑想です。

慈悲の瞑想には自分と相手の幸せを祈ることで心身の平安を呼び寄せ、マインドフルな状態を保つ効果があります。慈悲の瞑想の文章を心を込めて（マインドフルに）読むことがすなわち慈悲の瞑想です。

慈悲の瞑想は私の幸せから始めて、自分を取り巻く身近な人たちの幸せを祈り、やがてその幸せの輪を生きとし生けるものに広げていきます。そして最後には抜け落ちてしまった苦手な人たちの幸せまでも祈ります。

慈悲の瞑想にはたくさんの効果があります。まずはじめはその名の通り、自分と相手の幸せを祈る心、すなわち慈悲モードになれることです。心穏やかに過ごすことはとてもいいものですね。

さらに慈悲の瞑想にはマインドフルになりやすくなる、という効果もあるのです。

それはなぜかと言えば、マインドフルな状態では、心は自然に慈悲モードに導かれていきます。つまり、自分や相手が幸せであったらいいな、と思えるようになっていくのです。その反対に慈悲の瞑想によって、心が慈悲モードに近づいている時、マインドフルな状態になることが容易になるのです。

苦手なあの人に会う前に慈悲の瞑想で自分と相手の幸せを祈ります。その結果、自分も相手もともに活かし合うＷＩＮ＝ＷＩＮの関係を希求することとなります。

自分も相手も我慢したり妥協したりはせず、お互いにアサーティブに語り合い、お互いの意見に耳を傾けてマインドフルに傾聴する時、きっと素晴らしい人間関係が始まるでしょう。

忙しい時、時間がない時や、不意打ちでその人と突然会ってしまった時などは、簡略版で自分と相手の幸せを祈るだけでも大きな効果が得られます。

〈慈悲の瞑想：簡略版〉

私が幸せでありますように

○○さんも幸せでありますように　（苦手な人が○○さんの場合）

付録

自分とその人が幸せでありますようにと祈ってからその人と会うと、慈悲モードとなり心穏やかに過ごせます。それをきっかけとして苦手な人の意外な一面に触れたり、思い込みを外して新しい人間関係に入れるかもしれません。

Q&A
聴いてもらえなかったら、アサーションは無駄か?

Q…思い切ってアサーションしたのですが、相手は言動を変えてくれませんでした。私の努力は無駄だったのでしょうか?

A…いいえ! とても素晴らしい効果があります。

アサーションの目的は2つあります

ひとつは他者とのコミュニケーションを通して、自分の気持ちや事情を理

付録

解してもらうこと。理解の結果、相手が共感し受容して行動を変えてくれればそれは素晴らしいことです。

もうひとつの目的は自分の本心とのコミュニケーションです。

本当は嫌なのに「いいよ」と言ってしまう時、自分で自分を裏切っています。その結果、潜在意識には「自分(の本心)なんて大切じゃないんだ……」という悲しい暗示が入ります。そして少しずつ自己嫌悪が強くなります。

そこでアサーションです。本心では「ノー」です。そう主張することは、**「自分は自分を大切にしている」という力強い暗示**になるのです。結果はどうあれアサーションすることによって、自分だけは自分の味方でいることができます。さらに思い切って発言する時には、不安や恐怖、無駄かもしれないというあきらめの気持ちに打ち勝つ必要があります。その時、そのネガティブな想いを軽減するのが**マインドフルネス**です。マインドフルにアサーションする時、結果はどうあれマインドフルネスの力がついているのです。

Q&A
リビングで騒ぐ子供が、うるさく感じる時

Q…子供が楽しそうにはしゃいでいる声がうるさく感じることがあります。そんな時にどう言い聞かせたら効果的ですか？

A…質問された方も『うるさく感じることがある』とおっしゃっています。つまり、うるさく感じる時と感じない時があるのですね。同じ大きさの声でも受容できたりできなかったりします。その時の体調、ストレスの具合、集中する必要がある緊急の用事があるかどうかなどで、受容する力が大きくなったり小さくなったりするでしょう。

そんな中で、今はうるさく感じている。どうしたらいいかという質問です。まずはマインドフルに心と身体の声を聴いてみるのがいいでしょう。

『どうしたらいいか』はその場にいる自分にしかわかりません。

「今、ここ」に戻りマインドフルに心、身体の声を聴く時、肩に入っていた力が抜け、ほっと一息ついてどうしたらいいかが見えてきます。もしかしたらそれだけで、とらわれていた『うるさいという嫌な気持ち』が軽減してリラックスでき、子供と一緒に楽しめるかもしれません。

もしも急ぎの仕事があって集中したいのであれば、自分が別の部屋に行って続きをしようと思いつくかもしれません。また、どうしても子供に静かにしてほしいならば、アサーティブにお願いすることになるかもしれませんね。

アサーションを組み立てる時の注意点です。

1 私を主語に私の感情を語る
2 自分への直接的な影響を述べる
3 今、ここの客観的な事実だけを描写する
4 解決策を押しつけない

その時の事情によって作られるアサーションは違ってきますが、例を挙げておきます。

「けんちゃんが大きな声を出すと、お母さん頭が痛くなっちゃう」
「とっても大切な仕事があるんだけど、太郎がソファーで飛び跳ねてると集中できないんだ」

付録

困っているという親の本心がわかったら、子供は自分の言動を変えるかもしれません。もしも子供から反発が起こったら、子供の気持ちに耳を傾け、ＷＩＮ＝ＷＩＮの解決策が出るまで話し合うのがいいでしょう。

本当は嫌だけど我慢していると、いわゆる我慢ポイントがたまってそのうちにドカンと大爆発！　それだけは避けたいものです。だからまずはマインドフルに心と身体の声を聴いてください。

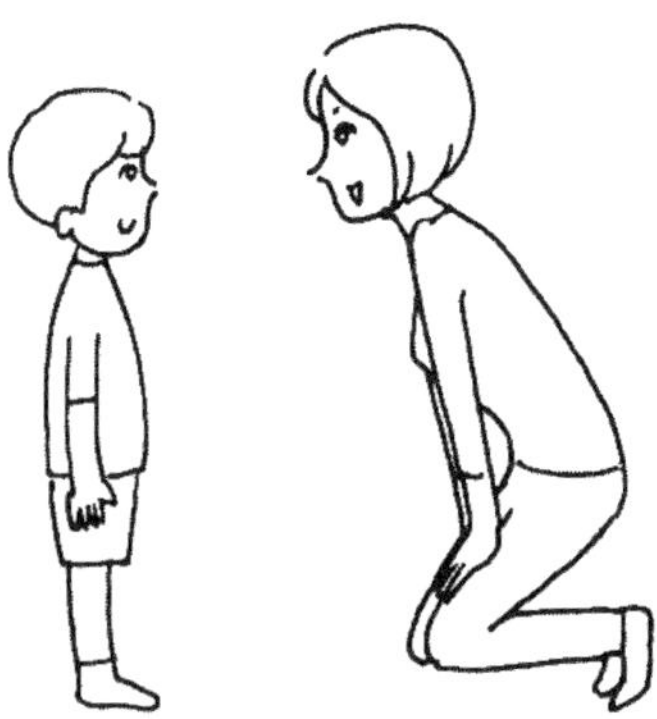

Q&A
忙しい時に限って邪魔をする子供

Q…うちの子は私がパソコンで仕事をしている時に限って「ねえねえ、聞いて！」と話しかけてきます。本当に忙しいのですが傾聴しなくちゃいけませんか？

A…本当に忙しい時に、心を込めてマインドフルに傾聴するのは難しそうですね。「聴くぞ」と思っても心のどこかで仕事のことが気になっていて、ふと気付くと上の空になっていたりもします。

子供は（子供でなくても相手は）上の空で聴いていることくらい感じ取りますから、「自分との話よりも仕事のほうが大切なんだ……」と寂しい思いをすることでしょう。

そんな時にははっきりとアサーティブに「ごめんね。今はとても忙しいから健太の話は聞けないのよ」と正直な事情を率直に説明するほうがいいでしょう。

そのかわり、「あと15分でキリがつくから、そこから健太の話聴くからね」と補足説明と約束が必要です。その約束をきちんと守っていれば、子供は「自分との約束をちゃんと守ってくれる。自分は尊重されている。自分は愛されている」と実感できるでしょう。

Q&A

指示に従わない部下（子供）

Q…部下が指示に従ってくれません！　どう傾聴すればいいですか？

A…傾聴は相手が困っている時に耳を傾けて理解することで、相手がみずから問題を解決する手助けをする手法です。この場合、部下が指示に従わずに困っているのはあなたですから、傾聴よりもアサーションが必要になります。

アサーションの例

「指示を守ってくれないと業務に支障が出るので困ります」

付録

とはいえ、相手もなにか不満があって指示に従わないのかもしれません。あなたのアサーションに対して、「しかしその指示だと……」という不満や意見の提示があった場合は傾聴の出番となります。

傾聴の例

「なるほど、○○さんは……だと思うのですね」

そこから実のある会話が生まれ、お互いが理解し合い、その結果、人間関係が深まるといいですね。

Q&A

話の途中で質問してもいい場合

Q…傾聴の途中では絶対に話をさえぎって質問してはいけないのですか？

A…傾聴とは「相手に関心を持ち、相手を理解したいと願って、批判やアドバイスをせずに、耳を傾けて相手の言葉を聴くこと」です。

相手を理解したいと願っているわけですから、話の流れが理解できなくなったら質問したほうがいいでしょう。話の途中での質問は相手の話をさえぎることにはなりますが、理解できないままで聴き続けることはかえって不誠実になります。

また、「それって、こういうことですか？」と質問し、「そうそう！　そうなのよ」とか「違う！　こうなの‼」と確認することで、相手は「聴いてもらえた！」「理解してもらえた！」と実感できることでしょう。

傾聴によって相手を理解した時、そしてその理解が相手に伝わった時（理解してもらえたと思えた時）、話し手と聴き手の心の絆も確かなものになります。その結果、話し手が自ら悩みを解決する助けになります。

ただ、質問の中に批判の意図が含まれていないかどうかにはマインドフルに気付いている必要があります。

まとめ

〈アサーション〉

アサーションとは「自分も相手も大切にする正直で率直な自己主張のためのコミュニケーションスキル」であり、以下のような特徴があります。

❶ 正直で率直な気持よいコミュニケーションを通じて、
❷ 相互理解にいたり、
❸ WIN＝WINの関係を築き、
❹ 友情と愛情をはぐくむ

アサーションは3ステップで作ります。

1 私を主語に私の感情を語る
2 自分への直接的な影響を述べる
3 今、ここの客観的な事実だけを描写する

自分の考えた解決策にはこだわらず、もっとよいものを2人で創造しましょう。

アサーションを難しくしているのは次の2つです。

1 反発される不安
2 罪悪感

反発されたら傾聴が有効です。罪悪感や不安はマインドフルネスで手放します。

〈傾聴〉

傾聴とは「相手に関心を持ち、相手を理解したいと願って、耳を傾けて相手の言葉を聴くこと」です。アドバイスしたり批判したりせずに相手の言葉を傾聴します。傾聴された話し手は安心して自分の本心を語ることができます。その時、普段は気付いていなかった自分の本心に気付き、癒しや解放が起こります。

傾聴することで相手を理解できれば、受容・共感できるかもしれません。また、理解しても受容・共感できない時にはアサーションが有効でしょう。

うっかりアドバイスや批判をしそうになった時に、マインドフルになれれば、傾聴にとどまることができるでしょう。

〈マインドフルネス〉

マインドフルネスとは「今、ここの現実にリアルタイムかつ客観的に気付いていること」です。たとえば、イライラ・クヨクヨしている時に、自分が「イライラ・クヨクヨしている」とマインドフルに客観視できれば、ネガティブ感情のネガティブパワーは半減します。

マインドフルネスの2大欠点は「いざという時に自分の意志でマインドフルネスになれないこと」と「長続きしないこと」です。

その欠点を克服するためのエクササイズを2種類紹介しました。

A　意図的にマインドフルになる

B　偶然のマインドフルネス体験を活かす

マインドフルネスでアサーションにまつわるネガティブ思考を手放し、傾聴のさいに発生するアドバイス・批判の心を手放しましょう。

アサーションや傾聴にマインドフルネスを活用することが、すなわち、マインドフルネス能力を向上させるチャンスにもなります。

〈慈悲の瞑想〉

慈悲とは自分と相手の幸せを祈ることです。マインドフルネス、すなわち悟りの光によって幸せがもたらされます。アサーション、傾聴、マインドフルネスにさらに慈悲の瞑想を加えることで、さらに相乗効果が期待できます。

おわりに

マインドフルネスで幸せになる！
マインドフルネスで幸せな社会を創る！

これが「心のトリセツ研究所」のミッションです。

まず、ひとりひとりが幸せになることが最優先です。そのためにこの本を書きました。この本は本音で生きることができず、幸せになれない人のための本です。

たとえば、空気を読み過ぎて自己主張できない人
たとえば、自己肯定感が弱くて自己主張できない人
たとえば、嫌われるのが怖くて自己主張できない人
たとえば、反発されるのが怖くて自己主張できない人

そんな人のためにこの本を書きました。

アサーション、傾聴、マインドフルネスを駆使して自由自在に生きてください。

この本は大切な人が悩んでいる時に、適切な方法で力になってあげたい人のための本でもあります。マインドフルなプチカウンセリングで信頼と愛情に溢れた人間関係を作ってください。

この本を活用して、まずあなたが幸せになってください。そうすれば、マインドフルなあなたにアサーションと傾聴をされたあなたのパートナー・子供・親・家族・友人・仲間、そしてあなたと仲の悪い人たちもきっと幸せになるでしょう。

あなたと関わって幸せになった人たちもまた、その幸せを自分の周りに広げていけます。そうしてこの世界は少しずつ素晴らしい世界になる！　それが「心のトリセツ研究所」の願いです。

すなわち、こうなります。

マインドフルネスで幸せになる！
マインドフルネスで幸せな社会を創る！

藤井　英雄

参考文献

『1日10分で自分を浄化する方法 マインドフルネス瞑想入門』
吉田昌生 著（WAVE出版）

『〈気づき〉の奇跡：暮らしのなかの瞑想入門』
ティク・ナット・ハン 著　池田久代 訳（春秋社）

『サーチ・インサイド・ユアセルフ――仕事と人生を飛躍させるグーグルのマインドフルネス実践法』
チャディー・メン・タン ダニエル・ゴールマンほか 著　柴田裕之 訳（英治出版）

『マインドフルネスストレス低減法』
ジョン・カバットジン 著　春木 豊 訳（北大路書房）

藤井 英雄（ふじい ひでお）

“マインドフルネスで幸せになる！　マインドフルネスで幸せな社会を創る♪”をミッションに掲げる「心のトリセツ研究所」代表

精神科医・医学博士・マインドフルネス実践家

マインドフルネスの実践を通じて、ネガティブ思考を克服した自らの経験をもとに、マインドフルネスの指導を開始。そのわかりやすい指導には定評がある。マインドフルネスとメンタルヘルスに関する著書多数。

マインドフルネスに関する著書

『マインドフルネスの教科書』（Clover 出版）
『1 日 10 秒マインドフルネス』（大和書房）
『マインドフルネスと 7 つの言葉だけで自己肯定感が高い人になる本』（廣済堂出版）

装丁／冨澤 崇（EBranch）
イラスト／門川洋子
校正協力／新名哲明
編集・本文design & DTP ／小田実紀

本書のご注文、内容に関するお問い合わせは
Clover 出版あてにお願い申し上げます。

マインドフルネス「人間関係」の教科書
苦手な人がいなくなる新しい方法

初版 1 刷発行●2017年 5 月22日
新版 1 刷発行●2020年 7 月20日

著者
藤井《ふじい》 英雄《ひでお》

発行者
小田 実紀

発行所
株式会社Clover出版
〒162-0843 東京都新宿区市谷田町3-6 THE GATE ICHIGAYA 10階 Tel.03(6279)1912 Fax.03(6279)1913
http://cloverpub.jp

印刷所
日経印刷株式会社

ISBN978-4-908033-84-1 C0011